JN410065

그대 인생의 절차 기억

최승희

교음사

‣ 차례

꽃길만 걷자

위대한 유산

글쓰기의 기쁨과 슬픔[1)]

종강(終講). 한 한기도 아닌 한 해를 마무리하는, 제법 의미 있는 올해의 마지막 수업을 하루 앞두고 무기력하게 자판을 치고 있다. 비문(非文)을 썼다 지웠다 하는 이유는 하나. 도무지 무엇을 써야 할지 갈피를 잡지 못해서다. 대미를 장식할 글 한 편은 써서 발표해야 10년 차 장(長)학생의 체면이 설 텐데 말이다. 당장 내일이 수업이라거나, 원고 마감이 임박할 경우 초조함에 조

---

1) 본 글의 제목은 '알랭 드 보통'의 에세이집 제목 『일의 기쁨과 슬픔』에서 차용해 각색하였음을 밝힘.

급함이 더해져 머릿속은 더욱 하얗게 되어버리기 일쑤다. 결국 코너에 몰린 이 가련한 장(長)학생은 어쩌다 또 글이 막혀 끙끙 앓다 속절없이 시간만 흘려보내고 말았는지 그 구구절절한 사연을 한번 써보기로 한다.

몇 해 전 일본이 낳은 스타작가 무라카미 하루키가 '무라카미 씨의 거처'라는 웹사이트를 개설하고 보름간 독자들의 궁금증에 직접 답글을 남겨 큰 화제가 된 적이 있었다. 하루키에 대한 개인적인 궁금증부터 고민 상담글까지 올라온 질문들도 다양했는데, 그중 너무 충격적이어서 아직도 기억에 남는 글이 하나 있다.

어떻게 하면 당신처럼 글을 잘 쓸 수 있느냐는 한 대학원생의 질문에 대한 하루키의 답변이었다. "글을 쓴다는 것은 여자를 꼬시는 것과 같아서 어느 정도 연습으로 능숙해집니다만, 기본적으로 선척적인 재능으로 결정됩니다. 뭐 어쨌든 열심히 하세요." 이 냉소적인 글을 읽는 순간 내 눈을 의심했다. 답변의 요지는 글 쓰는 재주는 타고나는 것이고, 아무리 노력해도 좋아지는 데엔 한계가 있다는 말 아닌가? 물론 모르던 사실은 아니다. 애써 외면하던 것을, 다른 사람도 아닌 노벨문학상 단골 후보작가인 '하루키'에 의해 한 번 더 확인 사살당한 것 같은 고통이었다고나 할까.

그저 듣기 좋은 이야기, 이를테면 성실이니, 인내, 습관, 창조적 발상이니 하는 덕담 같은 말로 작가를 꿈꾸는 이들에게 꿈과 희망을 줄 법도 하련만, 시니컬한 하루키 월드에서 그런 입에 발린 소리는 '언감생심'이었던 거다. 하루키가 시큰둥하게 던진 이 답변은, 그러나 비수가 되어 현해탄을 건너 날아와 한 여인의 가슴에 꽂히고 만다. 그리고 이렇게 글이 안 풀리는 날이면 다시 떠올리곤 하는 것이다. '그래, 역시 재능의 문제였어….'

사실 박완서 선생의 소설 『그 남자네 집』을 읽다가도 비슷한 절망감에 휩싸였던 적이 있다. 바로 이 문장을 읽던 순간이었다. "납작한 몸을 감싼 은빛 비늘은 셀로판지처럼 얄팍하고도 견고한데 물보라처럼 은은한 무지갯빛이 감돌았다." 이 문장은 생선 '준치'를 묘사한 대목이다. '썩어도 준치'할 때 그 준치 말이다. 이 표현이 너무 아름답고 신선해 책을 읽다 말고, 그 이전까진 본 적도 없고 알려고도 한 적 없던 '준치'의 생김새를 검색해 볼 정도였다. 흔하디흔한 생선 하나를 묘사하는 문장이 이 경지에 이르려면 대체 얼마나 갈고 닦아야 하는 것인지, 아니 이게 정말 노력으로 가당키나 한 것인지 그저 암담하고 막막한 마음만 들 뿐이었다. 너무 존경스러워 두려워지는 마음. 작가에 대한 경외심은 스스로에 대한 자괴감과도 맞닿아 있다.

돈으로도 안 되고, 시간으로도 해결할 수 없다면, 결국 다시 태어나야 하는 것인가? 하는 근원적 회의감에 빠질 무렵 운명처럼 작가 김연수의 글을 접하게 되었다. 작가는 산문집 『소설가의 일』에서 "재능은 원자력 발전에 쓰는 건가요?"라고 반문하며 "재능 따위는 그만 떠들라"고 일갈한다. 눈이 번쩍 뜨이는 기분. 이런 이야기야말로 내가 듣고 싶었던 말이었다. 심지어 "자기가 쓴 초고를 보면 누구나 약간의 구토증세를 느끼는데, 그건 당신의 잘못이 아니다"라며, 본인도 스스로의 글에 모멸감을 느꼈음을 고백하기도 했다. 초고를 '토고(토가 나올 것 같은 원고)'라고 부르는 작가의 익살에 웃다 보면, 어느새 위로를 넘어 응원을 받는 기분이다.

소설 『칼의 노래』의 첫 문장 "버려진 섬마다 꽃이 피었다"에 얽힌 유명한 일화가 있다. 작가 김훈은 '꽃'에 붙는 조사로 '은'과 '이'를 놓고 마지막까지 고민했던 것으로 전해진다. '은'을 썼을 경우 '전쟁 한복판에서도 꽃은 핀다'는 식으로 다소 감성적으로 읽힐까 싶어 최후의 순간 끝내 '꽃이 피었다'로 바꾸었다는 것이다. 위대한 작품 속 고작 한 문장, 아니 한 음절. 켜켜이 쌓였을 고뇌의 시간들을 짐작만 해볼 뿐이다. 노련한 작가들조차 이토록 쉼 없이 가다듬는 것이 글쓰기니, 이런저런 앓는 소리 말고 그저 성실하게 꾸준히 써볼 일이다, 희망 회로를 돌리면서.

타고난 재능은 별로임에도 불구하고 십 년째 꾸역꾸역 글을 쓰고 있는 것은, 그래도 한 편 완성했을 때의 작은 행복감 때문이다. 노트북 속 깜빡이는 커서가 나를 놀리는 것 같은 좌절감 속에 단 한 줄도 쓰지 못하고 축내던 시간들…. 그러다 무심히 끄적대던 생각에 발동이 걸려 글 한 편이 완성되는 과정 끝에 느끼는 희열과 성취감이야말로 다시 글을 쓰게 하는 원동력이다. 보라, 어느새 올해의 마지막 숙제도 끝마치지 않았는가?

내일이면 종강, 올해는 한 달도 남지 않은 이 시점에 새해 계획을 한번 세워볼까 한다. 작가 김연수가 제안한 '하루 세 시간, 원고지 5장을 느리게, 매일 쓰기'는 누가 봐도 무리이니 소박하게 시작하자. '하루 30분, A4용지 ⅕분량을 뭐라도 매일 쓰기' 정도면 어떨지. 비록 그 글이 '토가 나올 것 같은' 토고일지라도!

2022. 12.

그대 인생의 '절차 기억'

무심히 틀어놓은 TV에서 흥미로운 뉴스가 흘러나온다. '절차 기억'이라는 생소한 용어와 그 효과에 대해 소개하는 기사였다. 수영이나 운전처럼 한번 배워두면 평생 기억되면서 마치 몸이 스스로 알아서 움직이는 듯한 현상을 '절차 기억'이라 하며, 이를 잘 활용하면 좋은 습관을 만드는데 도움이 된다는 내용이었다.

실험생리학 용어인 '절차 기억(procedural memory)'은 걷기, 계단 오르기, 골프 스윙, 스케이트 타기처럼 특정한 일을 어떻게 하는지에 대한 기억으로, 이 기억이 담당하는 작업은 굳이 생각하지 않고도 끄집어내 이용할 수 있다. 예를 들어, 집에서 가까운 공원으로 자전거를 타고 갈 때, 공원으로 가는 길은 구체적으로 되살려 내야 한다. 그러나 자전거 타는 방법은 한 번이라도 익혔다면 절차 기억에 의해 수년이 흘렀다 해도 별다른 노력 없이 이를 가능하게 만들어준다는 것이다. 절차 기억은 언어를 통해 설명되지 않는다는 특징이 있어, '비서술 기억'이라고도 불린다. 길을 알려주는 것은 간단하지만, 자전거 타기를 말로 가르치는 것은 어려운 이유다. "부부 사이엔 절대 서로 운전 연수를 해주지 말라"는 말이 불문율처럼 전해져오는 것 역시, 운전은 말로 설명하기도, 말로 들은 내용을 직접 실행해내기도 힘든 '비서술 기억'이니 서로 답답해하다 싸우지 말라는 조언을 돌려 말한 것일 테다.

태어난 지 백일 즈음 처음 '뒤집기'에 성공한 이래, 기기-걷기-달리기-말하기를 거쳐 젓가락질과 수영이라는 절차기억까지 습득한 아들이 '자전거 타기'라는 새로운 과업에 첫 도전한 것은 초등학교 입학을 앞둔 2월의 어느 날이었다. 초등학생이 되기 전, 자전거 타기 정도는 마스터해 둬야 하지 않을까 하는 생각에 두발자전거에 붙어 있던 보조바퀴를 떼어내고 호기롭게 동네 초등학교 운동장으로 향한 것이다.

부자간의 자전거 타는 법 가르치기는 부부간의 운전 연수와 마찬가지인 모양이다. 자전거 타는 법 가르치라고 아빠와 아이를 내보내면, 신나서 의욕적으로 집을 나섰다가 보통 두 가지로 결론이 난다고 한다. 균형감각을 타고난 아이가 순식간에 요령을 터득하든지, 아니면 둘이 고군분투하다 아빠는 열 받고 애는 울면서 들어오든지. 내 아이의 천부적인 균형감각을 기대하며 역사적인 장면을 담겠다고 휴대폰은 내내 동영상 모드로 켜 놓았지만, 안타깝게도 우리 집 사정은 후자 쪽에 가까웠다.

뒤에서 잡아주던 아빠가 손을 놓았다는 사실을 알아차리지 못한 채 혼자서 앞으로 쭉 전진해 나가는 '영화 같은 장면'은 그야말로 영화에나 일어나는 일이었고 우리의 현실은 냉혹했다. 2월의 늦겨울 추위가 한창이었지만 아이의 이마에선 구슬땀이 흘렀다. 어느새 겉옷의 지퍼를 내리고 잔뜩 약이 오른 얼굴로 기우뚱거리며 야속한 자전거 페달을 밟고 있다. 보고 있는 우리 부부 역시 답답함과 안타까움이 교차하며, 속으로 도를 닦는 중이다. 균형 잡는 요령만 익히면 그다음부터는 수월할 텐데, 그 요령을 아직 터득하지 못한 아이는 어스름 해가 질 때까지 눈물겨운 헛발질만 계속할 뿐이었다. 기적 같은 일은 끝내 일어나지 않았고, 춥고 고된 기억만 남긴 채 시무룩하게 자전거를 끌고 집에 돌아와야 했다.

가족 모두에게 아픈 상처만 남긴 두발자전거는 그 후로 애물단지 신세가 되어 일 년여를 베란다에 방치되었다. 오다가다 눈에 밟히긴 했지만, 누구도 차마 자전거 타러 나가자는 말은 꺼내지 않았다. 그러다 아이가 새 학년으로 올라간지 한 달쯤 지나, 한창 기승을 부리던 미세먼지가 말끔히 걷힌 어느 화창한 주말이었다. 무슨 생각인지 남편이 "간만에 자전거나 타러 갈까?" 하고 제안해 왔다. 아들 녀석은 뜨악한 표정을 지으면서도, 의외로 별다른 구시렁거림 없이 자전거를 끌고 집을 나섰다. 나 역시 큰 기대 없이, '집에서 노느니 나간다'는 심정으로 두 부자의 뒤를 따라나섰다.

결론부터 얘기하자면, 아이는 이날 처음으로 혼자 두발자전거를 타는 데 성공했다. 균형 감각도 나이가 차면 저절로 생겨나는 것일까? 일 년 전의 도전 때와는 확연히 달라진 모습이다. 한발은 페달에 올리고, 한발로 땅을 구르는 움직임은 신중하고 조심스럽다. 조마조마한 몇 번의 흔들림 끝에 어느새 아이는 그길로 쭉 앞으로 나아가고 있다. 그 어떤 예고도 없이, 그야말로 순식간에 벌어진 일이었다. 너무 갑작스러워 그 순간을 촬영할 겨를조차 없었다. 어느새 한 바퀴를 돌고 온 아이의 그 경이로움으로 가득 찬 표정은 내가 죽는 날까지 절대 잊지 못할 것이다.

함박웃음을 지으며 "나 혼자 타는 거 봤지? 봤지?" 재차 확인하고는 본인의 모습을 촬영해달라며 다시 힘차게 페달을 밟는다. 한번 타기 시작하니 그다음부턴 일사천리였다. 가속은 물론이요, 유려한 커브와 부드러운 제동까지 한 바퀴 한 바퀴 돌아올 때마다 자전거 타는 폼은 눈에 띄게 능숙해져 간다.

걸치고 있던 재킷은 벗어 던진 지 오래다. 땀을 뻘뻘 흘리면서도 쉴 새 없이 페달을 밟으며, 태어나 지금까지 알지 못했던 새로운 세계로 진입한 기쁨을 만끽하고 있다. 두 시간째 자전거를 타고 있는 아이의 얼굴은 봄볕에 발갛게 달아올랐고, 온몸에서는 에너지가 뿜어져 나온다. 자신감으로 빛나는 아이를 바라보는 내 마음 역시 더할 나위 없이 뿌듯하고 흡족하다.

오늘 아이가 몸으로 체득한 것은 비단 '자전거 타기'만이 아니리. 좌절, 집념, 끈기, 도전 그리고 성취와 환희. 오늘 경험한 이 모든 것들이 세월이 지나도 온몸으로 기억되는, 그대 인생의 값진 '절차 기억'으로 남기를….

2020. 『PEN문학』 153호

위대한 유산

주로 운전대를 잡거나 그 옆 좌석에만 앉았지, 마치 회장님처럼 자동차 뒷좌석에 타는 호사를 누리는 게 얼마 만인가 싶다. 모처럼 운전 부담에서 벗어나 부모님과 나들이를 가는 중이다. 황송하게도 아버지가 직접 운전하시는 차를 타고 말이다. 어릴 때는 부모님과 '자연농원'에 놀이기구 타러 다니던 그 설레는 길을, 오늘은 놀이공원 옆 미술관에서 열리고 있는 수화(樹話) 김환기의 전시회를 즐기기 위해 가고 있다.

이쪽 길은 당신이 꽉 잡고 있다며 운전을 자청

하신 아버지는, 그러나 경기도로 진입하면서 어딘지 허술한 주행으로 동승자들을 불안하게 만들기 시작했다. 내비게이션의 안내와 상관없이 그냥 꽂히는 길로 갈 거였으면 대체 기계는 왜 켜두신 건지… 답답한 속도와 자꾸 잘못 들어서는 경로를 보며 뒷좌석의 두 딸은 속이 터지기 직전이나, 폭풍 같은 잔소리를 꿀꺽 안으로 삼키며 죄 없는 안전벨트만 고쳐 맨다. '최단거리' 혹은 '최소시간'이라는 효율성과는 별개로, 그저 운전자 마음에 드는 풍광을 따라 달리다 보니 드디어 미술관이다.

그동안 접했던 김환기전과는 비교도 안 될 정도의 방대한 작품을 연대기별로 총망라해 둔 기획력이 돋보인 전시였다. 거장의 작품에 대한 찬사야 변변찮은 문장으로 아무리 늘어 놓아본들 부족할 것이 자명하여 길게 쓰지 않으려 한다. 이번 전시에서 특별하게 다가온 것은 작가의 유품들이었다. '오늘도 점심을 굶고 늦도록 벽화. 초조했던 저녁', '춥다. 어제 까뮈가 죽었다. 애석하다. 오늘도 벽화', '죽어버리고 싶은 날. 무식의 무서움이여, 황금의 위력이여'… 작은 수첩에 적어 내린 자필 일지를 보면, 한 작품이 얼마나 깊은 고뇌와 번민 속에서 탄생하는지 그 지난한 과정을 조금이나마 짐작해볼 수 있다.

수첩뿐만 아니라 작가가 들고 다니던 가방, 아꼈던 달항아리 등 다양한 유품 중 가장 마음을 울렸던 것은 세 딸에게 보낸 서신이었다.

> 두 번째 도록을 너희들에게 보낸다. 웬일인지 기쁘기보다는 서럽다. 붓을 들면 야속하기만 한 세상일이 머리에 떠오르나, 내가 붓을 듦으로 해서 이런 야속한 것들을 이겨갈 수가 있다. (중략) 나는 내 눈과 머리와 내 손을 고귀한 것으로 만들어가는 노력을 하고 있다. 순결한 이 도록은 네 엄마의 힘으로 이루어진 것이다. 첫 장을 골라 누구에게도 보이기 전에 너희들에게 먼저 보내는 기쁨을 갖는다.
>
> 1957년 5월 27일 밤
> 영숙, 금자, 정인에게
> 파리에서 아빠

개인전을 앞두고 전시회 도록에 종서(縱書)로 써 내려간 편지에선 다정한 아버지로서의 면모를 십분 느낄 수 있다.

유독 이 편지가 마음에 다가온 것은, 나도 30여 년 전 아버지께 받은 서신을 소중하게 간직하고 있기 때문이다. 중학교에 갓 입학했던 80년대 말, 아버지는 유럽으로 장기 출장을 떠나신 적이 있었다. 아버지가 부재중이던 어느 날 나란히 도착한 세 통의 엽서엔 각각 우리 삼 남매에게 보낸 아버지의 글과 그림이 담겨 있었다.

유럽 대륙의 동서를 넘나드는 빽빽한 일정 중 잠시 짬을 내 엽서를 쓰신 그 시절의 아버지를 상상해본다. 지금의 나보다도 젊었던 40대 초반의 아버지. 내가 받은 엽서의 앞면은 로마의 관광명소 '스페인 계단' 사진이었다. "이 계단에서 네가 좋아하는 그레고리 펙이 오드리 헵번을 만났지. 너의 복스러운 코가 너무 보고 싶다"던 아버지의 문장과 내 얼굴을 그린 스케치는 마치 사진으로 찍은 것처럼 기억 속에 저장되어 있다.

부모는 인간의 발달과정에 따라 다양한 의미로 다가온다. 어릴 땐 무조건적인 사랑의 대상이자 절대자, 혹은 우상과도 같던 부모라는 존재는, 어느새 반목과 불화의 대상이 되기도 하고, 또 그러다 '사람 대 사람'으로 이해하고 인정하는 시기가 오기도 한다. 세월이 흘러 부모가 더 이상 나의 보호자가 아닌, 보호를 받아야 하는 존재가 되고 나면 애정을 넘어 연민과 안타까움이 사무칠 때도 있다.

그리고 동시에 이 과정을 나 또한 내 아이와 반복하게 되는 것이다. 확실한 것은, 지금의 나를 있게 한 자양분은 부모로부터의 무한한 지지와 사랑이라는 사실. 어느 인생에 갈등과 고비가 없으랴마는, 부모로부터 받은 그 사랑의 기억으로 고난을 극복하고 앞으로 나아갈 힘을 얻게 되는 것이라 믿는다.

우리 네 사람은 각자 흩어져서 자신만의 템포로 작품을 즐겼고, 약간의 피로와 허기를 느끼며 다시 서울로 향했다. 거장의 예술세계에 대한 서로의 감상을 나누며 식사까지 마치고 나니 뿌듯함과 만족스러움이 밀려온다. “어때, 연식은 좀 됐어도 아직 운전기사로 괜찮지?”라며 농을 던지는 아버지 스타일은 예나 지금이나 똑같다. 두 딸이 “최고의 승차감과 탁월한 드라이브 코스였다”며 추켜세워 드리자 얼굴 가득 웃음이 번진다. 언제 또 아버지가 운전하는 차를 타게 될지 알 수 없지만, 이 웃음은 오래도록 보고 싶다. 오늘은 서랍 속 상자를 뒤져 스페인 계단 사진이 담긴 오래된 엽서를 찾아봐야겠다.

2023. 8.

무기여 잘 있거라

때는 세계 1차 대전 당시. 격전지 중 하나였던 이탈리아 동북부 구급차 부대에서 의용군으로 참전한 미국인 장교와 영국인 종군 간호사가 운명 같은 사랑에 빠진다. 포성이 울리고 포탄이 터지는 전장이지만 눈 쌓인 알프스는 그림 같았고, 전쟁터에서 꽃피운 두 젊은 남녀의 사랑은 그야말로 한 편의 드라마다.

전쟁의 광기와 비정함에 진저리를 느끼던 주인공은 간첩으로 몰려 처형될 위기에 놓이자 탈영을 감행해 쫓기는 몸이 되지만, 천신만고 끝에 스위스로 도주한 두 남녀는 아름다운 자연 속에서 평화로운 둘만의 신혼생활을 즐긴다.

영화 「무기여 잘 있거라」는 여주인공이 사산(死産) 후 과다출혈로 세상을 뜨는 비극적 결말임에도 불구하고, 이탈리아와 스위스의 아름다운 풍광과 감미로운 배경음악 때문인지 영화가 끝난 후에도 한동안 로맨틱한 감상에 빠지게 만든다. 아이와 아내가 세상을 뜬 후 비 내린 황량한 거리를 홀로 걸어가는 주인공 프레데릭 헨리의 뒷모습에선 헤밍웨이 작품 특유의 허무주의가 짙게 느껴지지만, 장교복마저 근사하게 어울리는 미남 배우 록 허드슨은 전쟁과 죽음으로 깨져버린 러브스토리를 더없이 낭만적으로 만들어주고 있다.

자, 영화는 여기까지.

지금 거실 소파에 반쯤 드러누워 아이스크림을 한 스푼 크게 퍼먹으며 보고 있는 TV 속 장면은, 믿을 수 없지만 현실이다. 러시아의 우크라이나 침공이 시작될 때만 해도 설마설마하는 마음이 컸을 만큼 전쟁은 영화 속에나 존재하는 비현실적인 개념이었는데, 내 눈앞 화면에선 러시아의 무차별 폭격으로 어린이병원이 무너지는 처참한 현실이 고스란히 중계되는 중이다. 삶의 터전을 떠나 해외로 탈출하려는 사람들의 차량 행렬이 끝도 없이 늘어섰고, 젊은 신혼 부부는 결혼식 직후 조국을 지키겠다고 총을 들고 있다. 국가 총동원령으로 인해 나라를 지켜야 하는 가장은 아내와 아이들을 주변국으로 향하는 피난 열차에 태우고, 언제 다시 만날 수 있을지 기약 없는 이별을 하며 뜨거운 눈물을 흘릴 뿐이다.

언론으로 접한 내 기억 속 첫 전쟁은 걸프전인 것 같다. 복잡한 정치적 헤게모니나 국제 정세 따위엔 관심도 없던 나이였으니 전쟁은 전혀 피부에 와 닿지 않았다. 패트리어트 미사일, 스텔스 폭격기 등 TV로 중계되는 최첨단 무기의 대향연이 마치 전자오락을 보는 것 같았던 기억만 남아 있다. 인간이 저지른 행위 중 가장 끔찍하고 황폐한 것이 전쟁이라지만, 그건 그냥 매체 속 영상이나 활자일 뿐이었는데…. 이제 전쟁은 눈앞의 현실이 되어 전 세계를 경악하게 만들고 있다. 인공지능과 사물인터넷을 논하는 진화된 기술로 무장하고 4차 산업시대를 살아가는 현대인들이 전염병에 이어 전쟁 앞에 속수무책으로 스러지는 것을 보면, 마치 전 세계가 단체로 1~2세기쯤 뒤로 거슬러 간 것 같은 기분이다. 생명이니 존엄성이니 하는 것들이 얼마나 지켜내기 어려운 가치인가 하는 무기력감마저 밀려온다.

무력에 의해 약소국의 주권이 침탈당하고 있는 와중에,

전쟁에 비할 바는 아니나 국내에도 제법 큰 이벤트가 있었다. 역대 가장 치열했다는 대선이 치러지고 개표가 시작되던 날, 초박빙의 상황이 계속되면서 새벽까지 개표방송을 시청한 사람이 나 하나는 아닐 것이다. 밤이 깊어가면서 야식까지 곁들여 손에 땀을 쥐며 TV를 보고 있는 내 모습은 마치 축구 한일전 같은 흥미진진한 빅매치를 시청하는 것 같은 형국이었다. 불과 반나절 전, 허울뿐인 전쟁에 대해 목청 높여 비난하던 건 까맣게 잊고 말이다.

선거 결과가 발표되고 밀린 잠을 청한 후 다시 일상으로 돌아오니 그제서야 지구 저편의 불행이 다시 생각났다. 인류애로 연대하는 깨어 있는 시민인 양하던 나는 여전히 이 전쟁을 나와 하등 상관없는 '영화 같은 이야기'로 치부하고 있던 것은 아닌지…. 집 근처 슈퍼마켓에 다녀오던 여섯 살 소녀가 러시아군의 폭격에 크게 다쳐 끝내 숨을 거두고 마는 뉴스를 보면서 눈물을 흘리고 있는 지금, 나는 저들의 비극을 혹시 일종의 엔터테인먼트처럼 소비하고 있는 것은 아닌가 스스로를 의심해 본다.

미국의 소설가이자 평론가인 수전 손택의 『타인의 고통』에서 작가는 전쟁과 같은 대재앙에 대한 값싼 연민을 경고한 바 있다. 과연 요즘 엄습해오는 이 감정들이 작가의 지적에서 자유로울 수 있을지 솔직히 자신이 없어진다. 아침에 눈뜨면 국제면 뉴스부터 확인하고 유튜브로 우크라이나의 피해 상황을 실시간으로 찾아보는 나의 이 마음이 부디 천박하고 알량한 호기심과 동정심의 발로가 아니기를. 지금은 그저 하루빨리 인간성의 상실과 광기로 점철된 이 전쟁이 끝나기만을 바라본다. "무기여 잘 있거라"라며 영원한 이별을 고하는 마음으로.

2022.『수필문학추천작가회 연간사화집』30호

10월 31일, 별이 빛나는 밤에

“지금도 기억하고 있어요, 시월의 마지막 밤을~” 이른 아침, 라디오를 켜자마자 이용의 「잊혀진 계절」이 흘러나오는 것을 보니 필시 오늘은 10월 31일이다. 또 다른 프로그램이 시작되어도, 다른 채널로 주파수를 돌려도 오늘 이 노래는 한 번 이상 또 들려올 테고, 퇴근 무렵의 팝 전문 프로그램에서는 Barry Manilow의 「When October goes」가 전파를 탈 것이다. 매년 10월 31일이면 무슨 ‘의식’처럼 라디오 채널마다 흘러나오는 노래들인데도, 구태의연하다거나 질리는 느낌 없이 오히려 매해 또 다른 감동을 주는 것이야말로 명곡이 가진 힘이다. 이 노래들이 30년 넘는 긴 세월 동안 사랑받을 수 있는 데엔 라디오의 공이 컸다는 사실에 누구도 이의를 제기하지 않을 것 같다.

내 십 대 시절의 8할은 라디오와 함께했다 해도 좋을 만큼 90년대 청소년들에게 라디오는 실로 강력한 매체였다. 다 늦은 시각, 거실에 놓인 TV를 켜는 것은 상당히 눈치 보이는 행동이었지만, 라디오는 공부한답시고 방에 틀어박혀 부모님 간섭이나 동생들의 방해 없이 완벽하게 혼자 즐길 수 있는 '나만의 미디어'였으니 말이다.

음원이니 저작권이니 하는 개념 자체가 없던 시절, 라디오에서 흘러나오는 음악을 녹음해 나만의 카세트테이프를 만들던 기억도 생생하다. 늘 더블데크에 공테이프를 넣어두고 언제든 빨간 레코딩 버튼만 누르면 녹음이 되도록 만반의 준비가 되어 있었다. 마침내 DJ 입에서 고대하던 곡명이 소개되던 그 순간의 희열이란! 그렇게 몇 날 며칠을 걸려 공테이프를 온전히 내가 좋아하는 음악들로 채워 '세상에 단 하나뿐인 믹스 테이프'를 소장하는 것. 그 즐거움을 요샛말로 표현하자면 '소확행'쯤 될 것 같다.

아버지가 일본 출장길에 사다 주신 '워크맨'은 내 인생의 복권 당첨과 같은 선물이었는데, 휴대할 수 있는 라디오가 생겼다는 것은 마치 혁명과도 같은 일이었다. 독서실이든, 학원이든 마치 분신처럼 갖고 다니며, 친구와 이어폰을 하나씩 나눠 꽂고 같은 방송을 듣는 재미는 단조롭던 일상의 큰 행복이었다. 최고의 인기를 누리던 프로그램은 밤 10시부터 자정까지 진행되는 「별이 빛나는 밤에」였다.

당시 이 프로그램의 DJ였던 가수 이문세는 '밤의 문교부장관'이라고 불리며 청소년들의 열광적인 사랑을 받았고, 마치 지금의 포털사이트와 같은 역할을 했다고 해도 과언이 아닐 정도로 '별밤'이 우리에게 미치는 영향력은 지대했다. 야간자율학습을 마치고 귀가하는 버스 안에서 기사님이 우리를 위해 고정해 주던 채널 역시 95.9MHz였다. 아직도 30대의 젊은 별밤지기 이문세가 생방송으로 본인의 결혼 소식을 전하던 그날 밤의 충격을 잊지 못한다. 손글씨 자체를 쓸 일이 별로 없는 요즘, 빼곡히 글을 쓰고 그림을 그려 엽서를 보내던 그 시절의 순수했던 내가 가끔 그리워지기도 한다.

대학생이 되어 과외 아르바이트로 난생처음 번 돈을 모아 큰맘 먹고 장만한 것은 고민의 여지도 없이 스테레오 라디오였다. 애써 주파수를 잡으려고 스위치를 이리저리 돌릴 필요도 없이 버튼 하나로 채널을 선택하는 디지털 방식인 데다, CD까지 재생할 수 있는 미니 컴포넌트였으니 처음 내 방에 이 물건을 들였을 때의 뿌듯함은 엄청난 것이었다.

영원할 것만 같던 라디오에 대한 사랑은, 아이러니하게도 미니 컴포넌트 작동법이 손에 익기도 전에 식어버리고 말았다. 대학이라는 새로운 세계에 진입하면서 공사가 다망해진 이 여대생은, 동아리에, 소학회에, 미팅, 소개팅, MT 등등을 쫓아다니느라 한가하게 방구석에서 라디오나 듣고 앉아 있을 시간이 없어졌기 때문이다. 과학기술의 비약적인 발전은 혁명과도 같았던 워크맨을 순식간에 거추장스러운 천덕꾸러기 신세로 만들어버렸고, 라디오와 함께 음악과도 거리감이 생기게 되었다.

그렇게 멀어졌던 라디오와 다시 가까워질 수 있게 된 매개체는 뜻밖에도 자동차다. 내 차가 생기고 본격적으로 운전을 시작하면서 새로운 국면을 맞게 된 것이다. 오롯이 나만 점유하는 '내 방'과 같은 차 안에서 라디오와 음악은 그렇게 다시 내 삶으로 들어왔다. 특히 아이에게 학교, 학원, 운동 등 정기적인 일정이 생기면서부터는 이동시간 맞춰 즐겨 듣는 프로그램도 생겼고, 덕분에 요즘 유행하는 노래들도 제법 주워듣게 됐다. 인기듀오 '악뮤'의 「낙하」라든지, 힙합가수 '우원재'의 「강강술래」 같은 최신곡이 나올 때는 아이에게 슬쩍 아는 체도 해본다. 엄마가 이런 '요즘 노래'를 어찌 이리 잘 아냐며 아주 의외라는 듯한 아이의 반응은 언제나 재미있다.

모든 학원이 일제히 문을 닫는 밤 10시 전후의 대치동 학원가에선 자녀를 태우려고 대기하는 학부모들의 차량으로 극심한 교통난이 벌어지는데, 교통경찰에 주차위반 단속요원들까지 출동해 이 일대는 흡사 난리라도 난 것 같은 풍경이다. 한 치의 끼어들 틈을 주지 않는 날선 운전자들과 여기저기서 빵빵대는 자동차 경적 소리는 신경을 곤두서게 만들지만, 그 와중에도 라디오에서 흘러나오는 감미로운 음악이 있어 스트레스로 가득했던 마음이 누그러지곤 한다.

정신없는 이 '픽업 전쟁' 속에서 무사히 아이를 만나 집으로 향하는 길. 오늘 일을 다 한 것 같은 후련함과 또 이렇게 하루가 갔구나 하는 허무함이 공존하는 이 시간에 듣는 라디오는 위로처럼 다가온다. 차에 타자마자 제 휴대폰에 시선을 고정하고 있던 아이가 문득 고개를 들더니, 지금 흘러나오는 팝송의 제목을 묻는다. 이 리드미컬한 선율과 환상적인 화음이 아이의 귀를 사로잡았음이 틀림없다. 분명 7~80년대를 풍미했던 전설적인 밴드 'Earth, Wind and Fire'의 음성인 것은 확실한데, 문제는 제목이다. 곡명이 머릿속에서

만 맴돌 뿐 영 아리송하다. 내 입에서 얼른 원하는 답이 나오지 않자 아이는 그새를 못 참고 음원을 검색해 볼 태세다. 휴대폰에 음악을 몇 초만 들려주면 곡명뿐 아니라 가수, 앨범 명에 가사까지 한 번에 검색해 주는 세상이니, 아이에겐 그것이 가장 효율적이고 즉각적인 해결법이리라.

하지만 오늘은 이 첨단 기기의 힘을 빌리고 싶지 않다. 아이와 공유하는 이 공간, 이 시간 속 이 음악만큼은 그냥 아날로그 방식으로 즐기고 싶다. 아이에게 일단 노래를 끝까지 들어보자고 제안해본다. 이 근사한 노래가 끝나면, 그저 몇 분만 기다리고 나면 DJ가 다 알려줄 거라고. 라디오를 듣는 진짜 묘미는 바로 이 기다림이라고. 라디오에서 흘러나오는 올드팝으로 30년의 시간을 건너 세대와 세대가 이어지는 것만 같은 이 경이로움은 나만의 감정이겠지만, 그저 이 순간을 흠뻑 만끽하고 싶다. 후렴구 즈음에서 곡명이 생각났지만[1], 말없이 음악을 들으며 DJ의 음성을 기다려본다. 공테이프를 넣고 빨간 녹음 버튼을 누르던 30년 전 그 마음으로. 차창 밖으로 드문드문 별이 빛나는, 10월 31일 밤의 끝에서.

2022. 『수필문학』 10월호

---

1) 1977년 발표곡 「Fantasy」였다.

나의 아들의 아들

9월에 접어들면서 올해도 또다시 책 한 권을 집어 든다. '영원한 청년' 고(故) 최인호 작가가 타계한 이 무렵이면, 선생의 1주기에 맞춰 발간되었던 유고집 『나의 딸의 딸』을 다시 꺼내 읽는다. 이를테면 선생을 추모하는 내 나름의 의식 같은 것이다. 침샘암 투병 중에도 열정을 불태웠던 선생이 우리 곁을 떠난 지도 5년이 다 되어 간다.

작가가 작고하기 4년 전에 이미 제목을 지어 두었다는 이 책은, 소녀에서 숙녀로, 숙녀에서 아내, 그리고 엄마로 성장해 가는 딸 다혜와 외손녀 정원에 대한 사랑의 기록이다. 병이 깊은 중에도 작가는 소중한 책이 곧 탄생하리라는 기쁨에 충만해 있었다고 한다. 책에서는 돌도 안 된 아픈 딸을 들쳐업고 병원으로 달려가던 젊은 아빠 최인호의 모습을 만나볼 수 있다.

"나는 다만 아버지로서 그녀가 우리의 곁을 떠날 때까지 잠시 맡아 기르는 전당포 주인에 불과한 것"이라던 작가는, 그러나 신혼여행 떠난 딸의 빈방에 앉아 이별을 실감하며 눈물짓는다.

손녀가 태어나 할아버지가 된 후론 그 사랑은 더욱 확장되어 손녀에게 전해 내려간다. 손녀가 태어난 기쁨을 "지금까지 인생의 풀밭에서 발견하지 못하였던 하느님이 주신 보물 쪽지 중에 으뜸"이라던 작가에겐 나이도, 체면도 상관없이 그저 환희만 있을 뿐이다.

미국과 한국을 오가며 생활하는 손녀에 대한 그리움을 "첫사랑의 열병처럼 혹독하고, 정염의 화염보다 뜨겁고, 마약과 알코올보다 강하다."고 표현하는 작가는 소문난 '손녀 바보'의 면모를 숨기지 않는다. 딸 몰래 유치원을 빠지고 손녀와 백화점에 놀러 갔다가 딸에게 들켜 혼이 나는 에피소드는 독자로 하여금 절로 웃음 짓게 만들고, 손녀 앞에서 「나비야」를 부르며 춤추는 장면에선 내 아버지의 모습과 오버랩되며 정다운 기분이 든다. 아빠가 곁에 계신 나도 이렇게 책을 읽는 내내 가슴이 저린데, 작가의 딸은 얼마나 애통할지 짐작조차 힘들다.

매년 이맘때면 읽는 책인데도 매번 다가오는 느낌은 조금씩 다르다. 올해는 더욱 그렇다. 사실 책을 읽으면서 내내 마음이 편치 않았던 것은 얼마 전 있었던 시어머니와의 일화 때문이다. 온 가족이 늑장을 부리며 주말의 여유를 즐기고 있던 며칠 전 토요일이었다.

이른 아침 난데없이 울리는 초인종 소리에 자다 깨서 문을 열어 보니 시어머니가 서 계셨다. 전날 사 온 생대추가 과육이 풍부하고 당도도 높다며, 당장 손자에게 주시겠다고 아침부터 걸음 하신 것이다. 이불 속에서 뒹굴뒹굴하다 뛰어나온 남편은 대추가 무슨 대수냐며, 천천히 와서 가져가라고 하시면 될 일이지 아침 댓바람부터 전화도 없이 오셨다고 못마땅한 기색이 역력하다. 서운하실 법도 하련만, 애당초 아들에게 노여움이라곤 없는 분이다. 그저 손자에게 이 달고 맛있는 햇대추를 먹이겠다는 소기의 목적을 달성한 만족감과 기쁨만이 느껴질 뿐이다.

이제 와 생각해 보니, 데면데면한 아들, 쌀쌀맞은 며느리, 바쁜 손자를 만날 수 있는 가장 확실한 시간은 주말 아침이긴 하다. 막 잠자리에서 빠져나온 터라 머리는 까치집이요, 차림새는 잠옷 바람이라 차 한잔하고 가시라고 청하지도 못했다. 아들집엔 들어와 보지도 못한 채 손자에게 대추만 안겨 주고 돌아서지만, 그 사실만으로도 흡족해하시는 가벼운 뒷모습을 바라보자니 어째 마음이 복잡해진다.

이 세상, 이 우주 어디에 내 아이를 이만큼 사랑해 주는 존재가 또 있으랴. 외동인 아들이 낳은 외동아들. 당신의 이 유일무이한 손주에 대한 사랑은 내가 생각하는 것보다 몇 곱절 더 크고 깊은 것인지 모른다. 어머니에게 최인호 선생만큼의 필력이 있다면, 작가 못지않은 절절함으로 손자에 대한 마음을 거침없이 써 내려갔을 것이다. 사실 외아들을 키우고 있는 나야말로 시어머니의 심정을 가장 잘 이해할 수 있는 사람일진대….

최인호의 책을 읽고 뜨거운 부성애에 눈물지으면서도, 내 아이 먹이실 생각에 갑자기 찾아온 시어머니는 달갑지 않은 이 마음은 표리부동에 어불성설이 아니면 무엇이겠는가. 대추 한 알을 오도독 깨물어 먹어 보니 얄궂게도 참 달기도 달다.

천주교 신자였던 작가는 손녀를 다시 만난 심정을 '부활한 예수를 본 제자들의 어쩔 줄 모르는 기쁨' 같았다고 회고 했다. 손자가 세상에 태어나던 날의 감격과 환희를 글로 쓰신다면 불자(佛子)인 어머니는 뭐라고 표현하실지 문득 궁금해진다. 아마 그 글의 제목은 「나의 아들의 아들」쯤 될 것 같다.

2018.『수필문학추천작가회 연간사화집』28호

어른의 과일

눈에 띄게 오른 물가에 좀처럼 식재료를 담지 못하고 빈 카트만 끌면서 마트를 빙빙 도는 중이다. 높은 물가도 물가이거니와 여름방학 끝 무렵 즈음 되니 요리 아이디어도 고갈이라, 다음 끼니로 뭘 할지 뾰족한 수가 떠오르질 않는다. '오늘은 또 뭘 해 먹나?' 고민하는 건 세대를 초월한 모든 가정주부의 영원한 숙제인 듯하다.

늘 그렇듯, 장바구니의 기본인 대파 한 단, 두부 한 모를 담으며 생기 없는 발걸음을 옮기는데, 과일코너 저 끝에 보이는 자줏빛 열매가 강렬하게 시선을 사로잡는다. 순간 온몸의 신경세포가 살아 움직이는 것만 같은 이 희한한 느낌은 나만의 착각인 걸까? 내 예감이 틀리지 않는다면 저 열매는 분명 무화과였다. 아니, 사람 마음을 이토록 흔들어 놓았으니, 너는 무화과여야만 한다. 그리고 카트를 밀며 지체 없이 돌진! 그렇다, 어느덧 무화과가 나오는 계절이다. 무화과가 눈에 띈다는 것은 고된 여름이 가고 가을이 오고 있다는 신호이기에 더 반갑다. 유난히 더위에 맥을 못 추는 나는 꾸역꾸역 여름을 나다 보면 마침내 맞이하는 무화과의 계절이 이리도 감개무량하다.

부드러우면서도 찰진 과육과 말캉거리다가도 오도독 씹히는 이 오묘한 식감의 조화라니. 그 감칠맛은 어떤 과일도 흉내 낼 수 없다. 마치 솜털이 난 듯 다소 까끌거리는 껍질 때문에 한입 깨물었을 때 약간 소름이 돋기도 하지만, 그렇다고 아까운 껍질을 벗겨내고 속살만 먹을 생각은 추호도 없다. 그 자체만으로도 맛있는 무화과는 치즈나 프로슈토(돼지다릿살을 소금에 절여 건조시킨 이탈리아식 햄)같은 발효식품과의 궁합도 환상적이다. 그야말로 '단짠'의 조화다. 반으로 자른 단면이 이토록 드라마틱한 과일이 또 있을까? 하얀 테두리 안쪽에 수놓아진 붉은 속살이 연출하는 반전매력이 너무나 근사하기 때문에 흰 접시에 수북이 펼쳐만 놓아도 멋진 플레이팅이 완성된다.

어릴 땐 그 맛을 몰랐다. 그때는 복숭아나 망고처럼 한입 베어 물면 과즙이 뚝뚝 떨어지는 즉각적이고 노골적인 단맛에 열광했을 뿐…. 클레오파트라가 즐겨 먹었다는 신화 같은 이야기 때문인가? 무화과의 이미지는 참으로 이국적이면서 귀족적이다. 이 은은하고 고급스러운 풍미에서는 어딘지, 애들은 범접하기 힘든 세련미마저 넘친다. 뜨거운 여름을 지나 가을로 넘어가는 문턱에 선 사람들만이 알 수 있는 감흥 같은 것 말이다.

그래서 무화과는 단연 어른의 과일이다. 아담과 이브가 낙원에서 쫓겨날 때 자신들의 벗은 몸을 가렸다는 나뭇잎이 바로 무화과 잎이다. 금단의 열매는 사과가 아니라 무화과라는 설(說)이 존재하는 이유다. 성경에 등장할 만큼 유구한 역사를 자랑하는, 어쩌면 인류 역사상 가장 오래된 과일인 무화과는, 선악을 구분케 하고 수치를 깨닫게 하는 그야말로 성숙한 '어른'의 과일인 것이다.

'꽃이 없는 열매(無花果)'라는 이름과는 달리 그저 바깥으로 보이지만 않을 뿐, 무화과의 꽃은 바로 열매 안에 있다. 무화과는 꽃을 먹는 과일이다. 겉면이 꽃받침이요, 반을 가르면 보이는 붉은 속이 바로 꽃이다. 이 과일 입장에선 무지한 인간들 때문에 엉뚱한 이름으로 불리며 참 억울한 노릇일 테다.

시인 김지하는 "이봐 / 내겐 꽃 시절이 없었어 / 꽃 없이 바로 열매 맺는 게 / 그게 무화과 아닌가 / 어떤가 / 친구는 손 뻗아 등 다스려주며 / 이것 봐 / 열매 속에서 속꽃 피는 게 / 그게 무화과 아닌가 / 어떤가"라며 일찍이 이 과일의 참뜻을 노래한 바 있다. 인생이라는 건, 겉으로 드러나지도 않고 있는지 없는지도 모를 하루하루를 그저 충실히 살아내는 '속꽃' 같은 거라는 걸 깨닫는 과정이리라. 그러니, 고결한 무화과를 논하는 이 마당에 "애들은 가라!"

이제 막 나오기 시작하는 첫물이라 그런지 아기 주먹보다도 작은 열매 몇 알이 2kg짜리 멜론 가격에 맞먹는다. 쉽게 무르는 데다 저장성도 떨어져 며칠 내로 빨리 먹어치워야 하니, 참 가성비 떨어지는 과일이다. 그럼에도 불구하고, 기꺼이 이 과일은 먹고 지나가야겠다. 무더웠던 이 계절을 열심히 지내왔기에. 지금이 아니면 이 열매를 만나기 위해 또 1년을 기다려야 하기에. 길고도 지루했던 여름을 치열하게 보낸 이라면 응당 누릴 자격이 있다. 당신도, 그리고 나도.

2023.『어울문학회』 낸날보시 Vol.25

슈붕과 팥붕 사이

- 타인의 취향에 대한 짧은 고찰

현관문을 열고 들어오는 아이 손에 흰색 종이 봉투가 들려있다. 신발도 벗기 전에 꺼내주는 것은 뜻밖에도 붕어빵. 고물가 영향으로 길거리 간식마저 하나둘 사라져 붕어빵 노점 찾기가 하늘의 별따기라던데, 의외로 아이 학교 주변이 '붕세권[1]'인 모양이다. 세 개에 이천 원이라는 붕어빵을 그래도 엄마 몫이라고 하나 남겨온 자식이 이렇게나 기특할 일인가 싶지만, 대견한 마음을 숨

1) 역세권, 숲세권과 같이 붕어빵 가게가 인근에 있는 지역이라는 뜻의 신조어

기지 못하며 반갑게 한 입 베어 무는데….

맙소사, 따뜻한 붕어빵 사이로 느껴진 건 단팥이 아닌 느끼한 크림이었다! 진하고 은은한 달콤함을 기대하던 나는 외마디 비명처럼 "아니…이거, 이게 그 말로만 듣던 슈붕(슈크림붕어빵)이니?"라는 말을 내뱉고 말았다. 무심코 미간까지 찌푸리면서. 아이는 차게 식은 표정으로 "엄마, 나 팥 싫어하는 거 몰라?"라는 말을 남기고 제 방문을 닫고 들어갔다. 하긴 빙수조차 망고 빙수, 딸기 빙수만 먹는 아이가 붕어빵이라고 '팥붕'을 골랐을 리 만무했다. 아이가 붕어빵을 내미는 순간부터 그의 취향에 의거, 당연히 '슈붕'일 거라 예상해야 했거늘…. '붕어빵의 오리지널은 팥붕'이라는 내 취향이 상식인 양했던 죄로, 아들에게 붕어빵 얻어먹는 호사를 다시는 누리지 못하고 있다.

'슈붕 대 팥붕'보다 더 오래된 논쟁이 있다. 탕수육을 먹는 방식의 차이다. '부먹(고기 위에 소스를 부어 먹는 것)'이냐 '찍먹(소스에 고기를 찍어 먹는 것)'이냐 같은 대수롭지 않은 게 논쟁까지 벌일 일인가 싶지만, 원래 세상만사라는 게 다 먹고 살자고 하는 일이다. 그래서 취향 논쟁에는 동서양이 따로 없다. 서구권에서는 '베이컨'이 대표적인 논쟁의 대상이다. 당장 구글링만 해봐도 베이컨을 '바삭바삭하게

(Crispy)' 굽느냐, '쫄깃쫄깃하게(Chewy)' 굽느냐를 두고 의견이 분분한 것을 확인할 수 있다. '홍차를 먼저 따른 후 우유를 붓는가'와 '우유를 따른 후 홍차를 붓는가'를 놓고 계파가 나뉜다는 영국의 밀크티 논쟁도 역사가 길긴 마찬가지다.

이 정도야 장난이고 놀이려니 하고 유쾌하게 넘길 수 있다. 하지만 남의 취향을 함부로 평가하거나 자신의 방식을 강요하는 태도는 곤란하다. 몇 년 전까지 그리 친분이 깊지 않은 타인과 식사할 때 웬만하면 피하던 메뉴가 있었는데 바로 평양냉면이다. 내 경험상 6명 이상 모이면 신기하게 그중 한두 명은 꼭 평양냉면 박사님이었고, 이들만큼 아는 체하기 좋아하는 음식마니아들을 아직 본적이 없다. 오죽하면 '면(麵)스플레인[2]'이라는 신조어까지 생겼겠는가!

솔직히 내 입맛에 평냉 육수는 좀 심심하다. 겨자와 식초를 더하려는 시도가 감지되면 평냉 박사들의 레이더는 바로 반응한다. 아주 기다렸다는 듯, 본연의 맛을 즐길 줄 모른다고 지적하며 제대로 먹는 법을 가르치려 든다. 가미하지 않은 평양냉면을 좋아해야만 미식가인 양하는 태도에선 모

2) '냉면'과 '익스플레인(explain)'을 합쳐 만든 신조어로, 냉면에 대해 아는 척하며 남을 가르치려는 태도를 비판적으로 일컫는 말

난 우월감마저 느껴진다. 이런 이유로, 기분 상할 일을 만들지 않기 위해 지난 몇 년간 평양냉면은 서로를 잘 아는 지인들과 즐기는 음식이었다.

그러다 다시 어느 자리에서나 평양냉면을 편하게 먹게 된 데에는 우스운 계기가 있다. 몇 년 전 판문점에서 열린 남북 정상회담 때 나온 냉면에 김정은 위원장이 붉은색 양념장을 넣는 장면이 전파를 탄 것이다. 그때 내가 받았던 충격도 만만치 않았는데, 자신의 방식이 '관습헌법'인양 설파하던 평냉 박사님이 느꼈을 그 복잡한 심사는 짐작도 못하겠다. 평양에서의 공연을 마친 남측 예술단이 옥류관을 방문했던 자료화면을 보면 식탁 위에 놓인 양념장과 겨자, 식초를 쉽게 확인할 수 있다. 육수에 식초 좀 뿌렸다고, 면 좀 끊어 먹는다고, 심지어 기껏 예약한 음식점에서 이 집은 면에 메밀 함량이 너무 낮다고 시비를 걸던 그들에게 핍박(?)받던 지난날이 머릿속에 파노라마처럼 지나간다. 꽤 뒤끝 있는 나는 그간 엉터리 훈수를 두어온 '사이비' 박사들에게 "봐라, 이게 원조가 먹는 방식이다!"라고 일갈하고 싶은 마음이 굴뚝이지만, 이 역시 꼰대의 아집이란 걸 알기에 '슴슴하게' 먹는 당신의 취향도 존중하려 한다.

나름의 경험에 따라 굳어진 취향은 누군가의 조언에 의

해 변화되기 힘들다. 남들과는 다른 미각, 선천적인 조건 혹은 종교적 이유까지 그 사람이 그런 취향을 갖게 된 데에는 그이가 살아온 시간만큼의 사정이 있다. 그나마 '입맛'은, 예를 들어 '정치 성향' 같은 것에 비하면 참으로 사소한 차이다. 음식이든 정치든, 대부분의 경험은 그렇게 평면적이지 않다. 그 역시 당사자가 선택할 몫일 뿐 누구도 비난하거나 강요할 수 없다. 오지랖은 때로 폭력처럼 다가오기도 하기에, 차이를 느꼈다면 그저 그 다름을 인정하면 될 일이다.

하루아침에 기온이 급격히 떨어지고 어느새 완연한 겨울의 기운이 느껴지니, 출출한 오후 시간엔 따뜻한 붕어빵이 생각난다. '다름을 인정하네, 취향을 존중하네' 하며 마치 큰 깨달음을 얻은 현자(賢者)라도 되는 양 글을 쓰고 있지만, 아들이 내민 붕어빵 앞에 한없이 편협했던 게 불과 며칠 전이다. 관리 안 되던 표정과 한심한 입방정이 원망스러운 오후다. 하굣길 아이 품에 흰색 봉투가 들려있을 날이 올겨울 다시 오려나. 설사 붕어빵 세 마리가 모두 슈붕이어도 괜찮으련만.

2023. 『수필문학』 12월호

그대 눈동자에 건배

아줌마의 판타지

나를 키운 건 8할이 드라마다. 우스운 말이지만 사실이다. 드라마를 보며 자랐고, 이젠 드라마와 함께 나이를 먹어가고 있다. TV를 바보상자니 하며 다소 낮게 치부하는 시선이 어릴 때부터 나는 못마땅했다. 사약을 받지 않겠다고 몸부림치던 희빈 장씨의 입속에 반짝이던 금니를 발견하곤 '옥에 티'라며 흥분하던 초등학생은 드라마 「조선왕조 오백 년」을 통해 역사를 배웠고, "남자와 여자는 친구가 될 수 있는가"라는 해묵은 논쟁을 또다시 불러일으킨 드라마 「질투」와 함께 사춘기를 관통했다.

몇 해 전 해외 생활 중에도 한국 드라마는 꼭 챙겨봤는데, 내용에 몰입해 한두 편 보고 나면 그날 학교나 마트에서 영어로 버벅댔던 쪽팔림 정도는 가볍게 날려버릴 수 있었다. 이렇게 드라마는 현실이기도, 현실을 잊게 해주는 도구이기도 했다.

TV의 황금기를 지나온 X세대답게 여전히 안방극장을 사랑하는 우리 부부와는 달리, 전형적인 MZ세대인 중학생 아들은 TV를 잘 보지 않는다. 요즘 아이들은 TV가 아닌 휴대폰으로 자신만의 미디어를 즐긴다. 1시간짜리 드라마도 길다. 지하철을 타고 가다 보면 15분 내외로 요약해 주는 유튜브나 2~3분짜리 하이라이트 영상을 보고 있는 사람들을 쉽게 볼 수 있다. TV에 아직도 강호동, 유재석, 신동엽이 나오고, 여전히 90년대 연예인들이 연말 대상을 받는 이유가 요즘 TV를 보는 사람들이 4~50대이기 때문이라고 한다. 봐 주는 이가 없으니 방송사에서도 소비자 구미에 맞는 프로그램만 기획하며 더더욱 젊은 층과의 거리감을 좁히지 못하는 셈이다.

좋아하는 배우 전도연이 오랜만에 TV 드라마로 복귀한다는 소식에 기뻐하던 차였다. 지난여름 아이를 학원에 데

려다주고 오는 길엔 우연히 촬영 현장을 지나게 되어 더욱 기대감이 증폭되기도 했다. 그런데 올해 쉰 살인 그녀의 상대역이 마흔 살 정경호란다. 요즘 드라마 속 트렌드가 연상녀-연하남 커플이니 놀랄 일도 아니지만, '칸의 여왕' 전도연마저 꼭 이렇게 소비되어야 하는 건지 못마땅한 심사는 감출 수가 없다. 드라마의 주 시청자층이 4~50대 중년 여성이라고 하니 방송사야 시청률 앞에 어떤 카드라도 내밀어야 할 것이다.

아무튼, 많은 이들의 기대 속에 막이 올랐고, 반찬가게 사장 전도연과 스타 학원강사 정경호의 로맨틱 코미디는 무난하게 흘러가는 듯했다, 그들의 첫날밤이 지나기 전까지는. 정경호의 집에서 첫 밤을 보낸 아침. 잠에서 깬 전도연의 행색에 아연실색할 수밖에 없었다. 그래, 백번 양보해서 까치집을 진 저 부스스한 머리야 현실고증이라고 치자. 순백의 티셔츠에 말간 얼굴로 아이처럼 자고 있는 정경호와는 달리, 아저씨들이 약수터 갈 때나 입을 법한 퍼런 추리닝 바지 차림의 전도연을 보며 '아, 피디와 작가는 아줌마들이 저런 걸 입고 잔다고 생각하는구나' 하는 생각에 미치자 열이 확 받는 것이었다. 남자친구의 추리닝 바지를 하룻밤 빌려 입고 잤다는 설정인가 본데, 극중 정경호는 집에서도 실크 파자마에 로브를 걸치는 매우 섬세한 감각의 소유자이니 이건 리얼리티도 뭣도 아니다. 해사한 얼굴로 자고 있는 정경호와 이 어글리한 추리닝 바람의 전도연의 투샷은 흡사 조카를 깨우러 들어온 친이모라 해도 크게 무리가 없는 그림이었다.

넷플릭스를 선봉으로 한 OTT의 침공과 젊은 층의 외면 속에 방송사가 쥐어짜 낸 자구책이 고작 이런 것이었나? 연상-연하 커플 같은 식상한 러브라인을 마치 공식처럼 옜다! 하고 대충 엮어만 줘도, 충성도 높은 아줌마들은 덮어놓고 좋아할 거라고 생각했다면 오산이다. 우리도 기호가 있고, 취향이 있다고! 물론 나도 잠자리 날개 같은 레이스 잠옷 따위 입고 자는 건 아니지만, 그리고 추리닝을 입고 잘 수도 있다 생각하지만, 팍팍한 현실을 잠시나마 벗어나서로 좋자고 보는 드라마에서 이렇게 무시당한 것 같은 느낌, 참 별로다.

그리고 중요한 사실 하나 짚고 넘어가자. 적어도 저런 '약수터 아저씨 추리닝'은 안 입는다! 옆에서 같이 보던 남편이 이 아줌마가 갑자기 왜 이리 광광 대나 하는 눈빛으로 쳐다본다. 나 혼자 드라마에 너무 과몰입했나?

이들의 러브라인이 본격화되면서 급격히 흥미를 잃이 결

국 나는 이 드라마를 완주하지 못했다. 하지만 최근 17%라는 높은 시청률을 기록하며 종영한 것을 보면, 이 드라마의 허술한 설정과 어설픈 전개는 나만의 생각이었을 뿐, 대체로 시청자들에게 어필한 듯하다. 어쩌면 나의 분노는 그저 갱년기를 앞둔 아줌마 시청자의 과민반응이었을지도….

이 글을 쓰기 위해 검색을 하다 보니, 전도연의 반가운 차기작 소식이 눈에 띈다. 이달 말 넷플릭스를 통해 공개되는 영화에서 무려 '킬러' 역할로 주연을 맡았다는 기사였다. 순간 온몸에 소름이 돋는다. 그래! 이제야 '여왕'이 품격에 맞는 제 옷을 입은 느낌이다. 오글거리던 손가락이 시원하게 쫙 펴지는 기분. 살인청부업자이자 사춘기 딸을 키우는 싱글맘이라니, 파격적인 캐릭터 소개만으로도 벌써부터 설레어 온다. 낼모레 쉰 살을 바라보는 여자로서, 또래 중학생 아이를 키우는 엄마로서, 일면 나와 매우 비슷하지만 또 너무나 다른 세계 속의 그녀를 향해 마음으로부터 응원을 보낸다. 그래, 이런 게 바로 판타지다. 아줌마의 판타지를 우습게 보지 마라!

2023. 3.

계란밥을 위한 변명

수필 수업시간마다 지도교수께선 좋은 작품을 한 편씩 소개해 주시는데, 이 주옥같은 글을 찾아 읽는 것은 한 주의 큰 즐거움이다. 그중 정진권 선생의 작품이 기억에 남는다. 평생을 교육자로 살며 글을 써온 그분의 소박한 성정이 그대로 드러나는 글을 읽으며 마음이 따뜻해지는 행복감을 느꼈다. 특히 선생이 좋아하는 음식을 소재로 인간미 넘치는 삶의 태도를 형상화한 작품 「짜장면」이 인상적이었다. 흔하고 평범한 음식을 소재로 이런 수작을 탄생시키는 작가의 역량이 존경스러우면서, 한편으론 나도 이런 글을 한 편 써보고 싶다는 욕심도 들었다.

이 세상 많고 많은 음식 중 '가장 맛있는 단 하나'를 골라 글을 쓰자면 그것은 대단히 큰 고민거리겠지만, 영혼을 달래주는 '소울 푸드(soul food)'를 꼽는 것은 생각보다 간단한 일이었다. '계란밥' 외에는 딱히 떠오르는 음식이 없었기 때문이다. 요즘의 한글 순화 흐름에 발맞추자면 '달걀밥'이라 칭하는 게 맞을 터이나, '달걀말이'까지는 어찌 노력해보겠지만 '계란밥'만큼은 그냥 그대로 부를 때 그 맛이 제대로 표현되는 것 같다.

계란밥 최고의 미덕은 재료가 단출하고 만드는 과정도 간단하다는 것이다. 갓 지은 밥 한 공기와 계란 한 알, 간을 맞출 간장 한 술이면 족하다. 김 가루를 넣는 이도 있다는데, 나는 오히려 김 특유의 바다향이 고소함을 방해하는 것 같아 굳이 첨하지 않는다. 그 어떤 패스트푸드보다도 만들기 쉽고, 배달음식보다도 빠르다. 그뿐인가. 단백질과 탄수화물, 지방까지 고루 섭취할 수 있어 영양적으로도 우수하니, 간편식임에도 주부의 노고뿐만 아니라 죄책감까지도 덜어주는 현명한 음식이라 할 수 있겠다.

본래 계란밥엔 마가린을 넣어 주는 게 정석이다. 한 순간

잘라 넣은 마가린이 뜨끈뜨끈한 밥의 열기에 스르르 녹으면서 밥 전체에 윤기와 풍미를 더해 주곤 했다. 하지만 식물성이라 건강에 더 유익하리라 여겼던 마가린에 '트랜스 지방'이라는 요상한 성분이 함유되어 있다는 사실이 알려지면서 어느 순간 식탁에서 퇴출된 후론 마땅한 대체재를 찾지 못했다. 참기름 정도가 아쉬운 대로 보완재 노릇을 할 뿐이다. 가끔 어릴 때 먹던 마가린 생각이 날 때면 버터를 약간 잘라 넣어주곤 하는데, 역시 그때 그 맛과는 다소 차이가 있다.

나와 두 살 터울인 남동생을 낳으실 때까지 중학교 가정과 교사로 교편을 잡으셨던 엄마는 당신의 전공을 십분 살려, 늘 그날의 주요리에 밑반찬, 국이나 찌개까지 갖춰 5대 영양소를 고루 갖춘 충실한 한 끼를 준비하셨다. 허투루 대충 차린 저녁을 먹은 기억도, 배달음식을 시켜 먹은 기억도 별로 없는 것 같다. 세월이 흘러 나 역시 한 가정의 살림을 책임지는 주부가 되고 보니, 그게 얼마나 대단한 일인지 새삼 경이롭다. 하지만 아롱이다롱이 삼 남매를 키우는 동안 심신이 괴롭고 만사가 귀찮은 날이 어찌 없었으랴. 아마도 그런 어느 날 저녁에 엄마가 제안하는 메뉴가 바로 계란밥이었을 것이다. 식성이 좋았던 우리 삼 남매는 왜 오늘 저녁엔 오첩반상 대신 계란밥이 올라왔는지, 알지도 못했고 알려고 하지도 않았다. 엄마의 나른함과 피로감에는 관심도 없었다. 그저 하얀 김이 오르는 흰쌀밥에 반숙으로 프라이한 계란을 얹어 간장을 살짝 뿌리고 살살 비벼 먹는 그 맛에만 열광했을 뿐이다. 마흔을 훌쩍 넘어 그 시절의 엄마와 비슷한 나이가 된 나는, 이제서야 그 까닭 모를 권태와 피로를 이해할 수 있을 것 같다.

남편의 식성은 나와 비슷한 듯 어딘지 다른 구석이 있는데, 가장 결정적인 차이라면 그는 절대 계란 노른자를 다른 음식과 섞어 먹지 않는다는 것이다. 이 치명적인 입맛의 차이로 인해 안타깝게도 남편은 아직 계란밥의 신묘함을 경험해보지 못했다. 같이 산 지 20년 가까이 내가 통탄하는 대목이다. 이 계란밥에 대한 호불호는 모계유전인가? 우리 부부의 식성을 반반씩 닮은 아들은 냉장고가 텅 빈 저녁이나 바쁜 아침 시간에 계란밥을 차려주면, 좋다 싫다 말도 없이 금세 한 그릇을 뚝딱 해치운다. 생각난 김에, 딱히 해 놓은 반찬도 없고 남편은 야근으로 늦는다 하니, 오늘 저녁은 아들 녀석이랑 계란밥이나 한 그릇씩 해 먹어볼까. 소박하고도 유구한 계란밥의 전통은 이렇게 이어진다.

2023. 9.

너의 생일에

자정을 넘기자 동시에 아이 휴대폰이 요란하게 울리기 시작한다. 같은 반 친구들의 단톡방에서 울려오는 생일축하 메시지다. 날짜가 바뀌어 생일을 맞자마자 축하 톡을 받는 아이의 표정이 매우 뿌듯하고 만족스러워 보인다. 원활한 온라인 수업과 과제 제출, 출석 체크 등을 위해 구성된 단톡방인데, 이런 친교의 목적으로도 활용되는 모양이다. 바로 옆에서 축하해 주는 부모의 포옹보단, 휴대폰 너머로 전해져오는 또래들의 '사이버 축하 세례'가 이 사춘기 소년에겐 비교도 안

될 정도의 강력함으로 다가올 것임은 자명하다.

북한의 김정은도 무서워 내려오지 못한다는 중2라고 했던가? 그 중2를 목전에 두고 있는 중학교 1학년짜리 아들의 생일이다. 코로나와 함께 사춘기에 접어든 아이와는 전시 체제와 평화 유지를 반복하며 아슬아슬한 동거를 해나가는 중이다. 타고난 성정이 유순한 아이인데도, 어쩔 땐 '쟤가 정말 내가 낳은 애 맞나' 싶은 순간도 있었고, 그럼에도 불구하고 남편은 "사춘기의 정점은 아직도 오지 않은 것"이라 하여 나를 기함하게 만들기도 했다.

아이는 생일을 앞두고도 내가 사춘기입네 하고 티를 냈다. 생일 아침에 미역국을 먹지 않겠다는 것이다. 아침 메뉴를 가지고 왈가왈부하는 건 또 처음이라 황당할 따름이었는데, 눈 뜨자마자 밥에 국까지 먹기 부담스럽다는 것이 그 이유였다. 과일, 빵 따위로 간단히 잡숫겠다니 생일 당사자가 그러겠다는데 뭐 별수 있나 싶기도 하고, 한편으론 복에 겨운 소리에 괘씸하기도 하고, 그러면서도 날도 더워 귀찮기도 하던 차에 옳다구나 하면서 진짜 올해는 미역국을 건너뛸 심산이었다. 안 그래도 애랑 옥신각신할 일투성인데 '미역국' 같은 대수롭지도 않은 걸로 핏대 세우고 싶지도 않았고….

그런데 이건 또 무슨 변덕인 건지, 생일 하루 전날 "엄마, 저 그냥 내일 아침에 미역국 주세요. 생각해 보니 오랜만에 미역국도 맛있을 것 같네"란다. 잘 안 쓰던 반 존댓말까지 섞어가며 마음을 바꾼 이유가 정말 미역국이 먹고 싶어져서인지, 아님 왠지 모를 미안함 때문인지, 이도 저도 아니고 그냥 사춘기 소년의 미친 듯 널을 뛰는 호르몬 때문인 건지는 아직도 모르겠다. 아무튼, 아이는 성게알 미역국에 밥을 말아 한 공기를 싹 비우고, 깎아놓은 자두까지 말끔히 먹고는 가벼운 걸음으로 학교로 향했다.

역병의 시대에 맞이한 아이의 생일 분위기는 이전과 사뭇 달랐다. 물론 양가 친척들과 생일 직전 주말에 만나 축하를 받긴 했지만, 요 나이대 아이들이 가장 중요하게 생각하는 친구들과의 생일파티는 생각도 할 수 없었다. 만 13세, 명실공히 틴에이저가 되었으니, 코로나만 아니면 영화관이든 놀이공원이든 친구들과 어울려 즐거운 시간을 보낼 수 있었을 텐데 내가 다 억울해질 노릇이었다. 정작 사춘기 소년은 크게 서운하지도 않은지 가타부타 불만도 없다.

요즘 아이들은 스스로도 방역수칙을 철저히 지키는 편이라, 친구들과 하굣길에 햄버거나 떡볶이 같은 걸 사 먹고 오는 상황도 별로 달갑지 않은 모양이었다. 생일이니 선심

쓰듯 학원이라도 하루 빼줄까, 즉흥적인 생각도 해보았으나 오늘 결석한다는 것은 결국 다가오는 주말을 보강으로 채워야 한다는 의미이니 이 또한 그리 선물 같은 제안은 아니겠다 싶어 아예 말도 꺼내지 않았다. 결국 생일 당일도 아이는 하교 후 수학학원에 늦지 않기 위해 부랴부랴 이른 저녁을 대충 먹고 집을 나서 밤 10시가 훌쩍 넘어 귀가했다.

아이가 샤워하러 들어간 사이 냉장고에 미리 넣어둔 미니케이크를 꺼내어 남편과 후다닥 초를 꽂고 불을 붙였다. 욕실에서 나온 아이에게 마치 깜짝 선물처럼 케이크를 내밀어본다. 아들은 더 이상 촛불 붙인 케이크에 펄쩍 뛸 듯이 기뻐하던 예전의 그 꼬마는 아니지만, 부모의 서프라이즈에 멋쩍게 씩 웃으며 고맙다고 인사할 줄 아는 소년이다. 여느 날과 다를 바 없는 너의 생일 밤을, 그래도 온 가족이 무탈하게 둘러앉아 생크림케이크를 먹으며 보낼 수 있음에 작은 행복감을 느껴본다. 너도 동감하리라 기대하면서.

"엄마, 요즘 이렇게 다정한 중딩이 많은 줄 알아? 그러니 엄마도 나한테 너무 harsh하게 하지 마" 기억도 나지 않는 이유로 아이와 대차게 한판 하고 난 며칠 후, 그새 마음이 풀린 아이가 뒤에 와서 내 어깨를 감싸 안으며 한 말이다.

유년의 몇 해를 외국에서 보낸 탓인지, 마음이 급할 때나 정확한 표현이 떠오르지 않을 때 가끔 아이 입에선 영단어가 튀어나오곤 하는데 이날이 바로 그런 날이었다. 사전적 의미 그대로, 자신에게 너무 '가혹'하게 대하지 말라는 얘기를 하고 싶었던 걸까? 세상에 가혹했다니, 어미의 어떤 말이 그리도 모질게 느껴졌을까? 사실은, 굳이 되묻지 않아도 알 수 있을 것만 같아서 마음이 아려왔다. 미안함에 어느새 키가 나보다 훌쩍 커진 아이의 머리칼을 말없이 쓰다듬기만 한다.

어릴 땐 내 작은 분신 같았던 너. 이제는 나에게서 한 발짝 떨어져 성숙한 인간으로 성장하기 위한 긴 터널을 지나고 있는 너. 얕은 숨소리를 내며 잠든 아이의 뺨에 내 뺨을 맞대며 이 터널의 끝은 어디쯤일지 가늠해본다. 너의 열네 살 생일, 깊은 밤의 끝자락에서.

2021. 한국수필문학가협회 『연간대표수필선집』 Vo.35

그대 눈동자에 건배!

아이가 노트북 화면 속 선생님과 인사를 나누는 모습을 확인하며, 조용히 안방 문을 닫고 들어와 주섬주섬 포장 비닐을 뜯는다. 학원에 코로나 확진자가 다녀가는 바람에 오늘 수업이 온라인으로 전환되었다는 연락을 받자마자, 내가 급히 접속한 건 다름 아닌 배달앱이었다. 아이는 3시간을 꼬박 온라인 수업에 매어 있어야 할 운명이지만, 그건 그거고 오늘은 '불타는 금요일' 아닌가? 퇴근하는 남편과 바삐 톡을 주고받아 결정한 오늘의 안주는 육사시미와 굴선. 안방에 캠핑

용 테이블을 펼치고, 시간에 딱 맞춰 배달된 음식에 소비뇽 블랑을 한잔 곁들여 '불금'의 만찬을 시작한다.

우리 부부는 원래 애주가이기도 했지만, 코로나 시국으로 인한 배달과 홈술 문화의 확산으로 집에서 음주를 즐기는 일이 많아졌다. 와인바나 펍이 아닌 집에서 마시는 술의 장점은 일일이 열거하기도 벅차다. 술값이 적게 드는 건 기본. 대리비나 택시비 낭비도 없다. 듣고 싶은 음악, 보고 싶은 영화도 함께 즐길 수 있다. 제일 좋은 건 깨끗하지도 않은 화장실에 줄을 설 필요가 없고, 세상에서 제일 편한 파자마 차림으로 마실 수 있다는 사실! 안주 또한 한식부터 멕시코음식까지 장르에 구애 받지 않고 자유롭게 고를 수 있으니 술을 마시려고 배달을 시키는 건지, 요리를 먹으려고 술병을 따는 건지는 더 이상 중요하지 않다.

춥고 어두운 겨울이 1년 중 8개월이 넘는 핀란드에는 '칼사리캔니(kalsarikänni)'라는 말이 있다. '속옷'을 뜻하는 '칼사리(kalsari)'와 '취한 상태'를 뜻하는 '캔니(känni)'의 합성어로, 말 그대로 집에서 속옷 차림으로 술을 마시는 행위를 의미한다. 길고 추운 겨울을 견뎌내기 위해 핀란드인들은 코로나 시국 훨씬 이전부터 홈술을 즐겨왔고 그것이 문화가 되었다.

영하의 어둠 속에 진눈깨비가 휘날리는 겨울이 1년에 절반 이상 지속된다고 생각하면 절로 비관적이 될 법도 한데, 그럼에도 불구하고 핀란드 사람들의 행복지수는 전 세계 1위라는 조사결과는 언제나 미스테리다. 이 행복의 비결이 온전히 '칼사리캔니' 덕분이라고는 할 수 없겠지만, 혹독한 겨울을 관통하는 핀란드인들에게나, 코로나를 견디고 있는 우리에게나 몸을 죄지 않는 편안한 옷차림으로 즐기는 술 한 잔은 의미 있게 다가온다.

남편과의 음주도 좋지만, 친구들과 집에서 즐기는 '홈술'도 즐겁다. 맛있는 음식을 보면 자동으로 술과 함께 생각나는 30년 지기들이 있다. 돌아가며 집으로 초대하는 이벤트를 갖곤 하는데, 각자 생활자로서의 삶이 있으니 오랜만에 모이면 '언제 또 이렇게 먹겠냐' 하는 자세로 당분과 나트륨이 적절히 조화된 안주를 준비한다. 환경과 건강에 대해 배울 만큼 배운 우리는 균형 잡힌 식단이 얼마나 중요한지 잘 알고 있지만, 30년 전 여중생 시절로 돌아가 왁자하게 떠들며 먹고 마시는 이 순간만큼은 세상의 이런 규칙에서 자유롭고 싶다. 평소에 금지된 것이 허용되는, 이 기분 좋은 일탈이란! 당뇨성 쇼크가 온다거나 인사불성이 될 정도가 아니라면, 지금 여기, 이 순간의 행복감을 최대치로 끌어올릴 만큼의 술과 음식은 대환영이다.

애주가인 나에겐, 역설적이게도, '혼자' 마시는 술은 어딘지 음험하고 불량하다는 선입견이 있었다. 혼자 마시기 시작하면 그때부터 알콜 중독이 된다는 '카더라'를 어디서 주워들은 이후부터인 것도 같다. 아버지의 체질을 그대로 닮아 유전적으로 알코올이 잘 분해되지 않는 나로서는 사실 혼자 마시기까지 하는 게 장려할 만한 일이 아니기에, 스스로도 지양하는 바이기도 하다.

그럼에도 불구하고 '혼술'의 맛을 깨우친 계기가 한 번 있었는데, 지난겨울 초입의 일이다. 연례의식처럼 크리스마스트리를 꺼내 장식을 하긴 해야겠는데, 도통 의욕이 생기질 않았다. 더 이상 산타의 존재를 믿지 않는 아이에게 크리스마스가 다 무어냐 싶으면서 이런 요란스런 장식 따위 부질없게 느껴지기도 했고, 2년이 지나도록 달라진 게 없는 길고 지루한 집콕 생활도 신물이 났던 것 같다. 때마침 동생이 여덟 살 조카와 함께 완성했다며 톡으로 근사한 크리스마스트리 사진을 보내왔다.

나의 심드렁한 요즘 심정을 토로하자, "언니, 그러지 말고 기분 좋은 음악 틀어놓고, 샴페인 한잔 마시면서 한번 장식해봐"라고 권했다. '샴페인'이라는 말에 애주가의 마음이 동했던 걸까? 갑자기 집에 비싼 샴페인이 있을 리 만무했지만, 저렴한 '모스카토 다스티' 정도는 늘 준비되어 있다. 당도는 높고 알코올 도수는 낮으니 안주조차 필요 없는 고마운 와인이다. 지체 없이 코르크 마개를 따고 아끼는 와인잔을 꺼내 7부 정도 따랐다.

라디오 채널을 이리저리 맞추다 보니, 때가 때인지라 빙 크로스비의 「White Christmas」가 흘러나온다. 붙박이장 맨 위에 얹어 두었던 상자를 내려 하나, 둘 크리스마스 장식을 꺼내어본다. 와인 한 모금에 오너먼트 한 개씩. 반짝이는 알전구도 둘러주고, 한옆에 호두까기 병정도 세워두니 어느새 완성이다. 아직 와인은 반병 이상 남아 있지만, 기분 좋게 올해의 트리를 완성했으니 혼술은 이쯤에서 마감하련다. 이날 혼자 마신 와인이 아니었다면, 우리집은 크리스마스 장식 하나 없는 삭막한 연말을 보냈을 거라고 스스로 만족스러운 의미를 부여해본다.

냉면 그릇이 넘치도록 가득 채운 막걸리를 한 번에 마시는 사발식으로 신입생 환영회를 하는 학교에 입학하는 바람에, 내 스무 살은 술과의 전쟁으로 시작했다. 지금 생각해보면 이보다 더 야만적일 순 없는 통과의례이나, 어렸던 혈기엔 그 또한 낭만이었다.

졸업 후 홍보팀에 근무하며 '말술' 언론사 기자들과 대작할 일이 많았던 것을 보면, 어쩌면 술은 팔자인 것도 같다. 학창시절의 술은 사람 사귀는 재미였고, 사회생활의 술은 업무의 연장이었다. 그럼 둘이, 서넛이, 때론 혼자 집에서 마시고 있는 지금의 술은? 휴식이자 레저, 환기(換氣)쯤으로 명명할 수 있겠다.

술이 등장하는 수많은 영화 중 내가 가장 아끼는 '카사블랑카'에서 험프리 보가트가 잉그리드 버그만에게 샴페인 잔을 건네며 말하는 저 유명한 대사, “Here's looking at you, Kid.”는 언제나 내 마음을 설레게 한다. 원래 의미는 포커판에서 속임수를 쓰지 못하도록 “내가 지켜보고 있다”는 뜻으로 쓰는 표현인데, 국내 개봉 당시 “그대 눈동자에 건배!”로 번역되어 로맨틱한 분위기를 고조시켰다.

하루의 끝, 그리고 주말의 시작. 금요일 밤에 즐기는 청량감 넘치는 이 술은 열심히 살아온 이번 한주에 대한 보상. 초간장을 찍은 따끈한 굴전과의 마리아쥬는 가히 예술이다. 오늘의 안주로 굴전을 제안한 남편이 늘어놓는 ‘본인의 탁월한 선택’에 대한 자화자찬이 끝이 없다. 우리의 최애(最愛) 신대륙 와인인 ‘오이스터 베이’를 마트 할인 행사할 때 미리 사뒀다가 적당한 온도로 칠링해 둔 나의 준비성에 대해서도 생색을 내면서, 로맨틱하진 않지만 장난스럽게 건네본다. “그대 눈동자에 건배!”

2022. 한국수필문학가협회 『대표수필선집』 Vol.36

'인싸'가 되는 법

"엄마, '인싸 댄스'가 뭔지 알아?" 유튜브를 보던 아이가 다가와 묻는다. '인싸'가 '인사이더(insider)', 즉 한 집단의 중심에서 그 무리를 이끄는 핵심 인물이라는 뜻의 신조어라는 것을 알게 된 지도 얼마 안 됐는데, 한술 더 떠 '인싸 댄스'라니? 어리둥절한 내 표정을 본 아이는 그럴 줄 알았다는 듯한 얼굴로 팔다리를 유연하게 교차하며 요즘 유행한다는 이 춤을 추기 시작했다.

미(美) 팝스타의 공연을 관람하러 왔던 한 평범한 10대 소년이 공연 중에 우연히 선보인 이후

전 세계적으로 인기를 끌고 있다는 이 춤은, 팔을 몸통 앞뒤로 흔드는 모습이 마치 치실(floss)질을 하는 것처럼 보인다 하여 일명 '플로스 댄스'라 불리며 전 세계적으로 유행 중이라 했다. 아이를 통해 이 요상한 춤의 정체를 알게 된 게 어느새 일 년도 더 전의 일이다. 인싸의 세계에서 일 년은 새로운 유행이 몇 번은 돌고 돌았을 시간. 이제 와 어디 가서 '인싸 댄스', '치실 댄스' 운운하며 아는 척을 했다가는 그야말로 '인싸'의 반대 '아싸(아웃사이더)'가 될 판이니, 과연 인싸의 속도를 따라잡기란 쉽지 않다.

숫기도 없고 낯도 가리는 편인 나는, 그러나 역설적이게도 '인싸'라는 말이 존재하지도 않던 학창시절부터 인싸가 되기 위해 부단히 노력해왔다. 소위 말해 잘나가는 무리의 일원이 되려고 새 학기면 더 바빴던 기억이 난다. 본격적으로 사람 사귀는 재미를 알게 된 대학 시절부터는 인맥을 넓히기 위해 외향적인 사람인 척하기 시작했다. 성격도 좋고 친구도 많은 사람이고 싶은 욕망은 이런 '척'도 가능케 했다. 소극적이고 소심한 사람은 '아싸'로 여기는 이분법적인 인식은 사실 내가 갖고 있는 고정관념이기도 했다. 인싸가 되기 위한 열정은 20대 중후반 무렵이 피크였던 것 같다. 동문회, 동기회, 동호회 등 이름만 바꿔가며 가급적 많은 집단에 소속되길 원했고, 각종 행사와 모임에 적극적으로 참여해 늘 그 중심에 서 있길 바랐다. SNS에는 또 얼마나 열심이었던가! 맛있는 음식, 근사한 장소, 멋진 사람들과는 일단 사진부터 찍고 온라인에 올려 지인들과 공유하는 게 큰 낙이었으니…. 집단의식과 유대감, 소속감이 무엇보다도 중요했고, 그것이 미덕이었던 시절이었다.

세월은 가치관을 바꿔놓기도 하고, 다행히도 사람이 나이를 헛먹는 것은 아니다. 30대를 지나 명실상부한 중년으로 접어들며 삶의 우선순위가 조금씩 바뀌기 시작했다. SNS로 대표되는 인터넷상의 자기과시가 얼마나 공허한 것인지 깨닫는 데엔 오랜 시간이 걸리지 않았다. 어느 날 큰맘 먹고 모든 계정을 비공개로 돌리고 나니, 이렇게 속이 편할 수가 없었다. 내가 먹는 음식을, 내가 서 있는 장소를, 내가 만나는 사람을 과시용이 아닌 온전히 그 자체로 받아들이는 것이 이토록 평화로운 일이라니. 축구팀 맨체스터 유나이티드의 감독이었던 알렉스 퍼거슨이 일찍이 '트위터는 시간 낭비'라 일갈했을 때, 그저 꼰대의 잔소리 정도로 치부했던 건 이제 와 생각해 보니 나의 흑역사다.

이런 변화의 와중에 전 세계를 강타한 고약한 바이러스는 나의 '인싸' 시항직 삶이 드라마틱한 변곡선을 그리는 계기가 되었다. 혼자 보내는 시간이 절대적으로 길어지고 사회적 거리두기가 일상화되면서, 자의 반 타의 반으로 집 안에 고립이 되어버렸는데 의외로 그것이 불편하지 않았다. 다시 깨닫게 된 나의 천성은 역시 '아싸'였던 것이다. 마치 히키코모리처럼 외부와의 완벽한 단절을 추구하는 것은 아니지만, 타인과의 적당한 거리감은 느슨한 일상복을 입은 듯 편안하다. 관계의 확장에 연연할 필요도, 무의미한 관계를 유지하기 위해 노력할 이유도 없으니 어찌 자유롭지 않을 수 있으랴.

내가 네트워크의 중심이 되어야 한다는 강박에서 벗어나고 나니 나만의 시간에 몰두할 수 있는 여유도 생겼다. 집 안에서 혼자 영화를 보고, 혼자 운동을 하고, 혼자 글을 쓰고 있는 이 고독한 일상은 재앙과 같은 바이러스가 일깨워 준 뜻밖의 행복이다. 내 주변 역시 다시 돌아보게 된다. 카톡 친구 명단에 이름만 올라와 있는 '무늬만 지인'들과는 지난 1년 동안 자연히 소원해졌다. 프로필 사진과 닉네임만으론 도저히 누구인지 식별이 불가한 카톡 친구를 '지인'이라 칭하는 것 자체가 어불성설이다. 반면, 진정으로 마음을 나누는 소수의 관계는 더욱 소중하게 다가온다. 적당한 거리를 유지하는 대신 깊이감이 더해진 이 값진 인연들을 오랜 시간을 두고 보다 귀하게 보듬어 가리라 다짐해본다.

촘촘한 네트워킹과 방대한 정보력이 인싸가 갖춰야 할 필수 조건이라면, 나는 '아싸' 쪽에 가까울지 모른다. 하지만 피로감으로 가득한 관계와 그것을 유지 관리하기 위한 스트레스 또한 인싸의 숙명이라면, 나는 기꺼이 '아싸'의 삶을 택하겠다. 대신 시중의 유행에, 남의 말에, 타인의 시선에 좌지우지되지 않는, 나만의 기준에 따라 내가 주도하는 삶을 살아가는 '내 인생의 진짜 핵(核)인싸'가 되고 싶다.

2021.『수필문학』1월호

그에게 담배 한 대를 허(許)하라

아침부터 신경이 곤두선다. 화장실 문을 열자 매캐한 냄새가 확 풍겨온다. 오늘도 상쾌한 이 아침의 기분을 망친 이유는 아랫집인지 윗집인지 알 수 없는 누군가 피우고 있는 담배 때문이다. 온 세대가 이 매너 없는 흡연자들과 전쟁 중이다. 아파트 공용게시판에 하루가 멀다 하고 붙는 공문도, 각 층 엘리베이터 옆에 누군가 손글씨로 써서 붙여 놓은 '세대 내 금연'이라는 메모도 이제 더 이상 새롭지 않은 지경이 되었다. 그러거나 말거나 지긋지긋한 담배 냄새는 일정한 시각이 되면 화장실에서부터 날아 들어오고 있으니 이제 거의 체념하다시피 하며 '간접흡연'을 하고 있는 셈이다.

어렸을 땐 흡연의 폐해가 제대로 알려지지도 않았고 담배가 '공공의 적'이 되기 전이라, 지금은 담배를 끊은 아버지도 당시엔 집 안에서 끽연을 즐기곤 하셨다. 브라운관 속 주말 드라마에서조차 담배 피우는 장면이 전파를 타는 건 예사였고, 아이들 편에 담뱃값을 들려 동네 가게에 심부름도 시키곤 하던 시절이었다.

20여 년 세월이 흐르는 사이, 담배의 백해무익한 면면이 밝혀지면서 분위기는 완전히 바뀌어 이제 정해진 장소 외에 담배를 피웠다간 벌금을 내는 세상이 되었다. 어디 벌금뿐인가? 유수의 대기업에서는 직원들의 금연을 독려하기 위해 포상휴가나 인센티브를 내걸고, 실패한 직원에게는 인사고과에 불이익을 주기도 한다니, 흡연자들은 점점 더 발붙이기 어려워지고 있다.

이렇게 어딜 가나 죄인 취급을 받는데도 불구하고 우리나라가 OECD 가입한 국가 중 흡연율 1위인 이 아이러니한 상황은 설명하기 참 난감하다. 아침마다 집 안엔 담배 냄새가 차올라오고, 예전엔 어른들 시선이 무서워 숨어서 피우던 청소년들은 이제 대낮 골목에서 당당하게 교복을 입고 담배를 물고 있으니, 비흡연자들에겐 오히려 예전보다 흡연율이 더 높게 느껴지기도 한다.

여전히 담배 냄새로 하루를 시작한 어느 날이었다. 점심 설거지를 마치고 집 안 환기를 하려고 복도 쪽으로 나 있는 아이 방 창문을 열자 지독한 담배 냄새가 들어오는 것이었다. 다시 보니 냄새뿐 아니라 허연 연기도 함께였다. 대체 어떤 간 큰 양반이 자기 집도 아닌 복도에서 대낮에 흡연 중이란 말인가! 이 비상식적인 행동과 무모함에 분노보다도 황당함이 앞섰다. '아, 오늘 드디어 범인(!)을 잡는구나!' 흡연의 현장을 덮친다고 생각하니 갑자기 가슴이 요동치고 손에는 땀이 쥐어졌다. 행여 내 발소리에 급히 담배를 비벼 꺼 증거를 인멸할지도 모르는 일이라 소리를 죽여 담배 연기의 진원지를 향해 살금살금 다가갔다. 그런데 그곳, 복도 끝 계단에 다다르자 뿌연 연기 사이로 보이는 것은 한 남자의 뒷모습이었다.

요즘 아파트 외벽을 다시 칠하는 작업 중인데, 아마도 우리 동을 담당하는 인부인 모양이다. 한창 일을 하다가 담배 한 대 태우며 한숨 돌리던 참이었던 것 같다. 작업 특성상 줄 하나에 매달려 고층 건물 벽을 타며 반나절을 보냈을 테지. 고개는 90도로 꺾어 허공을 올려다보며 내내 붓질을 했으리라. 작업모 사이로 비죽 나온 희끗한 머리, 굵은 주름, 구부정한 등과 어깨, 초점 없는 눈빛. 무슨 상념에 젖어 있는 걸까? 아니, 어쩌면 아무 생각 없이 흡연 그 자체에 열중하고 있었는지도 모른다.

초로의 사내는 창밖으로 시선을 고정한 채 그저 뺨이 파이도록 깊이 빨아들였다 내쉬는 동작만 반복하고 있었다. 내가 다가왔다는 건 전혀 눈치 채지 못한 듯했다. 작업장에서 담배를 피우다 주민에게 들켰다는 사실을 알게 되면, 그는 내내 전전긍긍할 것이다. 분명 그의 흡연은 부적절했으나, 지금 이 순간 그 담배 한 개비의 여유를 방해할 자격은 누구에게도 없어 보였다. 아까 집에서 나올 때 그랬듯 다시 발걸음 소리를 줄여 집으로 돌아왔다.

복도 계단에 쭈그려 앉아 담배를 피우던 그 뒷모습이 오래도록 마음에 남았다. 그가 피우던 담배 한 개비는 고된 일상에서 유일하게 누리는 사치일 수도 있고, 누군가의 아버지이자 남편일 그가 기댈 위로와 안식의 대상일 수도 있다. 어쩌면 20여 년 전 내 아버지가 피웠던 담배의 의미 역시 크게 다르지 않을 것이다. 현상설계의 마감을 앞둔 어느 날, 밤을 새워 도면을 그리고 모형을 제작하다가 한숨 돌리며 피웠을 내 아버지의 담배를 생각하면, 계단에서 담배 한

대 태운 그를 차마 비난할 수가 없었다. 집으로 배어 들어오는 담배 냄새에 펄펄 뛴 게 불과 오늘 아침인데, 담배를 끊고 싶어도 끊지 못하는 소시민들의 휴식 같은 담배 한 대 정도는 이해해야 하지 않나 하는 생각을 하고 있는 이중적인 내 모습에 당황스러워지기도 했다.

최근 정부가 내년부터 담뱃값을 인상하기로 결정했다는 소식이 전해졌다. 담뱃값 인상은 다른 나라 사례에서도 알 수 있듯 성인뿐 아니라 청소년들의 흡연율을 낮추는 효과가 있다고 하니, 나 같은 '흡연 결사반대론자'들은 쌍수를 들고 환영할 일이다. 하지만 문득 복도 끝 계단에 앉아 담배를 태우던 그 아저씨가 떠오를 것도 같다. 오른 담뱃값 때문에 주머니 사정은 안 좋아질 텐데, 이참에 건강 생각해서 아예 담배를 끊으셨으면 하는 오지랖 넓은 생각도 들 것 같다. 그분 일상에 담배보다 더 나은 재밋거리가 생기길 바라보고도 싶다. 뭐, 얄팍한 내 심보로는, 당장 내일은 담배 냄새 따위 없는 상쾌한 공기로 하루를 시작하고 싶다는 욕심이 먼저이긴 하지만 말이다.

2015. 『수필문학』 3월호 등단작

부엌데기 전성시대

요즘 TV는 '요리'에 점령당한 듯하다. 채널을 돌리다 보면 하나 걸러 하나가 요리 프로그램이라고 해도 과언이 아니다. 요리사가 진행자와 함께 조곤조곤 조리순서를 알려주는 '최고의 요리 비결' 같은 프로그램은 그야말로 점잖은 교양 프로다. 이젠 요리가 '예능'이 되는 시대. 남의 집 냉장고를 떼어와 그 안의 재료로 내로라하는 셰프들이 요리 경연을 벌이는 프로그램이 최고의 시청률을 구가하고 있다. 대형 식음료 체인을 운영하는 한 요식업체 대표는 '집밥'을 쉽게 해먹을 수 있는 팁을 알려주며 큰 인기를 얻는 중이다. 유명 연예인들이 산동네, 어촌마을에서 직접 구한 식재료로 '삼시 세끼'를 차려 먹는 프로까지, 요리를 활용하는 방식 또한 다양하다. 그동안 이 많은 요리 프로그램 없이 어떻게 방송계가 돌아갔는지 신기할 정도다.

요리가 이토록 대접받는 시대가 오다니, 참으로 놀라운 일이다. 사실 과거 우리 문화는 주방에서 이루어지는 일을 다소 아래로 내려다보는 경향이 없지 않았다. 주방 일을 맡아서 하는 이를 낮잡아 '부엌데기'라 부르지 않았던가. 게다가 지금의 이 요리 열풍을 주도하는 것이 남성들이라는 것도 신기한 일이다. 불과 반세기 전만 해도 남자의 주방 출입이 터부시되던 이 나라에서 말이다.

하지만 이 모든 것을 바꾸어 생각하면, 요리는 본질적으로 사람의 일생과 떼려야 뗄 수 없는, 단지 생존을 위한 행위를 넘어 문화이자, 전통이자 삶 그 자체이기도 하다. 방송에서 이토록 요란을 떨기 전부터 요리는 생활의 기저를 이루며 삶을 견고하게 받치고 있었다. 요리는 나를 둘러싼 이들에 대한 예의이자 애정의 표현이기도 하다. 요리의 가치가 최고로 빛날 때는 바로 그 음식을 먹는 이가 행복감을 느낄 때이니 말이다. 함께 먹는 것은 요리만큼이나 중요한 의미다. 누구도 나 혼자 좋자고 갈비찜을 하고 사골국을 우리지 않는다. "두 사람이 마주 앉아 밥을 먹는다 / 흔하디흔한 것 동시에 최고의 것 / 가로되 사랑이더라"고 노래하던 한 시인의 시가 떠오르는 대목이다.

냉장고 속에서 잠자고 있던 재료로 듣도 보도 못한 진기한 음식을 15분 만에 뚝딱 만들어내는 셰프들의 요리 대향연을 흥미진진하게 보고 있던 어느 날 밤, 문득 우리집 냉장고 사정이 궁금해진다. 사실 요 며칠 바쁘다는 핑계로 사다 먹고, 나가 먹고, 시켜 먹고, 남은 건 데워먹던 와중이었다. 명색이 한 가정의 살림을 맡아 하는 안주인의 직무유기랄까. 시들어가고 있는 신선칸 속 채소들을 보니 마음이 조급해진다. 남의 집 냉장고를 보며 넋을 놓을 것이 아니라, '우리집 냉장고를 부탁해'야 할 때다.

냉동칸을 뒤져, 언젠가 동그랑땡을 만들다 남겨두었던 다진 소고기와 돼지고기를 찾아냈다. 남편과 아이가 좋아하는 햄버그스테이크를 서너 장 만들 수 있는 양이다. 돌덩이처럼 얼어있는 고기를 녹이는 동안, 역시 냉동실 한구석에 처박아 두었던 식빵 한 장을 찾아내 믹서에 갈아 빵가루를 준비한다. 양파는 잘게 다져 갈색이 나도록 프라이팬에 달달 볶아주고, 케첩, 간장, 식초를 바글바글 끓여 햄버그스테이크 위에 끼얹을 소스도 만들어 놓았다. 녹은 고기에 빵가루, 볶은 양파, 각종 양념을 섞어 함께 치댄다. 이 반죽을 얼마나 잘 치대 주느냐에 따라, 구워도 잘 부서지지 않고 식감이 살아 있는 햄버그스테이크가 완성된다. 둥글넓적한 패티를 딱 세 장 빚어 놓고 나니 밤이 깊은지는 오래다.

다음 날 아침, 피곤하고 잠이 덜 깬 여느 때와는 달리 의욕이 넘친다. 지난밤 냉장고에 준비해 둔 아침거리는 나에게 자신감마저 선사한다. 프라이팬을 달궈 전날 빚어놓은 패티를 앞뒤로 굽는다. 고기가 구워지는 동안, 빨갛게 잘 익은 토마토에 열십자로 칼집을 내어 팔팔 끓는 물에 살짝 데쳤다. 겉껍질을 한 겹 벗겨낸 완숙토마토를 사등분해 샐러드드레싱을 뿌려 스테이크 한옆에 곁들인다.

출근과 등교준비를 마친 두 남자가 식탁에 앉아 식사를 시작한다. 평소와 다소 차이가 있는 아침밥상이라는 생각은 했을는지. 궁금했지만 구태여 묻지는 않았다. 다지고, 볶고, 치대고 했던 어젯밤의 역사는 오직 나와 부엌만이 알고 있다. 누구도 그 노고에 대해 치하하지 않았고 맛에 대한 상찬 역시 전무하지만, 그것이 노엽거나 서운하지 않았다. 그저 두 사람이 말끔히 다 먹은 빈 그릇을 보니 스스로에 대한 만족감과 자부심이 밀려올 뿐이다.

비록 잠옷 위에 그대로 앞치마를 두른 지금 내 모습이 '셰프'보단 '부엌데기'에 가까울지라도.

2016.『수필문학』5월호

아홉수 예찬

아홉수 예찬

미인이라고 하긴 다소 무리가 있어 보이는 두 개그우먼이 어울리지 않는 차림과 화장을 하고 젊은 남성에게 추파를 던지다 거절당하자 자조적으로 외친다. “아홉수라 그래!” 공중파 인기 개그 프로그램의 한 코너 속 이야기다. 잘 풀리지 않는 인생의 이유를 ‘아홉수’에서 찾던 그 코너가 막을 내린 지 수년이 지났는데 요즘 갑자기 생각나는 건 역시 내가 지금 아홉수이기 때문일까? 서른아홉이 된 지도 벌써 반년이 지나가고 있다.

스물아홉은 마침 결혼식을 올린 해라 아홉수의

불안감을 느낄 정신도 없이 지나갔다. 약혼, 결혼 그리고 군복무 중이었던 남편을 따라 태어나 처음 가본 도시 진해에서의 신혼생활…. 이 모든 일이 아홉수에 일어났기에 내 이십 대의 아홉수는 그저 핑크빛이었다. 삼십 대의 시간은 이십 대의 그것보다 곱절로 빠르게 지나, 올해 또다시 아홉수를 맞았다. 삼십 대의 아홉수는 병치레로 시작했다. 아침마다 그로기가 되어 눈 뜨기도 힘든 몸 상태가 정상은 아니지 싶어 건강검진을 받았는데, 이 피로감의 이유는 갑상선염 때문이라 했다. 약물요법 없이 자연적으로 치유된다니 다행스러웠지만, 다니던 헬스클럽도 쉬며 절대 안정을 취하라는 의사의 말에 건강체라 자부했던 나도 이제 나이를 먹는가 싶어 서글퍼졌다.

내 이십 대의 치기 어린 생각들이 문득 기억난다. 이십 대의 자유와 화려함을 만끽하던 그땐 사십 대가 되면 엄청난 일들이 지나가 결국 인생은 별 볼일 없는 하향국면에 접어들지 않을까, 생각했었다. 이런 생각을 나만 한 건 아닌가 보다. 시인 강윤후는 「불혹 혹은 부록」이란 시에서, '어쩌면 나는 마흔 살 너머로 이어진 세월을 본 책에 덧붙는 부록 정도로 여기는지 모른다'고 고백한 바 있다. '삶의 목차는 이미 끝났는데 부록처럼 남는 세월이 있어 덤으로 사는 기분이다'라고까지 했으니 내 이십 대 생각과 일맥상통하는 면이 있다.

마흔을 눈앞에 둔 지금, 서른아홉의 나에게 천지가 개벽하는 일은 일어나지 않았지만, 내 남은 삶이 그 정도로 하찮고 생기 없는 시간이 될 거라고도 생각지 않는다. 물론 시인 역시 '목련꽃 근처에서 괜히 머뭇대는 바람처럼 마음에 혹할 일이 좀 있어야겠다'며 불혹 이후의 삶에서도 무언가에 홀려 살고 싶다는 욕망을 숨기지 않았다. '미혹되지 않는다'는 불혹(不惑)에 완벽히 배치(背馳)되는 이 대목에선 나이를 먹더라도 식물처럼 살지 않겠다는 의지가 느껴진다.

어린 날의 유치했던 생각들을 되돌아보니 혼자 있는데도 얼굴이 달아오른다. 나이 서른아홉에 절망감과 무기력함을 논한다는 것이 무색하도록 현대 의학은 빠른 속도로 인간 수명을 연장시켜 놓았다. 이십 대엔 뒷방 늙은이처럼 별 볼일 없게 느껴졌던 지금의 내 나이가, 어쩌면 아직 인생의 절정기에 한참 못 미치는 너무 어린 나이인 건 아닐까? 평균 수명의 절반에도 도달하지 않았으니 인생의 꽃은 더 한참 후에 피우게 될 수도 있을 것이라 자위하며 조바심을 달래본다.

가수 김광석이 이십 대의 아홉수를 갓 지나고 발표한 노래 「서른 즈음에」를 다시 들어본다. '또 하루 멀어져 간다'고 시작되는 노래는 서른 살 청년이 부르기에 너무 비장하고 처연하다. 많은 이들의 사랑을 받으며 그들의 아픈 상처를 달래주던 그가 알 수 없는 이유로 서른셋 젊은 나이에 스스로 세상을 등졌으니 이 아이러니를 어찌 설명할 수 있을까. 서른 즈음에 '매일 이별하며 살고 있구나'라며 노래하던 청년은 어쩌면 조로(早老)의 운명을 타고났는지도 모른다. 당시 그를 짓눌렀던 고통의 크기를 짐작할 순 없지마는, 그런 선택만은 하지 않았더라면 지금쯤 사십 대의 아홉수를 훌쩍 넘긴 나이가 되어 여전히 우리에게 위로가 되는 노래를 들려주고 있었을 텐데 하는 마음에 새삼 안타까워진다.

"내 인생의 클라이맥스는 아직 오지 않았다"며 그다지 이루어놓은 것 없는 현재를 합리화하고 있지만, 시간이 지난다고 해서 근사하고 멋진 일이 갑자기 벌어지진 않으리란 걸 잘 알고 있다. 또 바꾸어 생각해 보면, 아무 일도 일어나지 않은 이 무탈한 일상은 감사해야 할 일이기도 하다. 내년이면 마흔. 특별쇼나 깜짝 이벤트 같은 화끈한 인생은 바라지 않는다. 그저 나이 마흔엔 '세상일에 정신을 빼앗겨 판단을 흐리지 않는' 그 나이만큼의 지혜를 갖추길 소망할 뿐이다.

병원에 다녀온 뒤로 피곤할 일은 일체 삼가며 쉬었더니 확실히 호전되어가는 게 온몸으로 느껴진다. 한낮에 잠시라도 누워 쉬지 않으면 하루를 버티기 힘들던 피로감도 어느새 사라졌다. 선발 출전하여 전후반을 모두 뛰는 축구선수처럼 온전히 하루를 보내고 나니, 삼십 대의 아홉수가 유지하고 있던 이 자가 치유력이 소중하고 고마울 뿐이다.

예로부터 아홉수를 유념해 온 것은 나이의 앞자리 수가 바뀌기 전 방종을 삼가고 객쩍은 혈기를 스스로 다스려 더 나은 새로운 십 년 맞이하라는 현인들의 지혜가 아니었을까 싶다. 이십 대의 아홉수엔 남편이 생겼고, 삼십 대의 아홉수엔 일곱 살짜리 아이가 내 품 안에 있다. 눈에 띄거나 화려하진 않지만, 더없이 소중하고 가치 있는 것들을 누리고 있는 셈이다. 다음 아홉수엔 어떤 일이 기다리고 있을지. 십년 후 이 글을 다시 꺼내 보았을 때 부끄럽지 않을 만큼 노력하고 성숙해진 나를 만날 수 있기를. 서른아홉의 나에게 좀 더 충실하고 싶다. 다시 돌아오지 않을 후회 없는 삼십 대를 위해.

2014. 『수필문학』 9월호 초회추천작

정신과 의사의 아내로 사는 법

세 살배기 아들이 어린이집에서 아동 학대를 당하는 사고를 겪은 후, 아이가 받았을 충격에 대한 고민을 토로해온 지인이 있었다. 급한 대로 신체상의 상처는 치료했지만 아이의 정신적 충격에 대해선 미처 신경을 쓰지 못했다며, 이제라도 소아정신과 진료를 받아야 하는 건 아닌가 하는 우려를 하고 있었다.

하지만 이야기를 나누다 보니, 정작 정신과 진료가 시급한 사람은 아이가 아니라 아이 엄마 같아 보였다. 다행히도 아이는 과거의 사건을 언급하는 일 없이 아픔을 잊고 새로운 유치원에서 정상적인 생활을 영위하고 있는 반면, 지인은 소송이 진행되는 지난 1년여의 시간 동안 끊임없이 고통 받고 있었던 것이다. 아이에 대한 미안함으로 거리를 걷다가도 눈물을 흘리고, 아직까지 사과 한마디 없는 가해자들에 대한 분노로 자다가도 벌떡 일어나기가 일쑤라고 했다. 가볍게 넘길 일이 아닌 듯해 퇴근하고 들어온 남편에게 이런 상황을 설명했더니, 적절한 치료가 필요할 것 같다며 지인의 집과 가까운 병원을 소개해 주었다. 후일 그녀는 병원을 찾아 상담 후 항우울제를 복용하고 심신의 안정을 찾았노라고 감사의 인사를 전해왔다.

치열하고 복잡한 경쟁 사회에서 스트레스와 불안은 현대인의 피할 수 없는 숙명처럼 되어버렸고, 그에 따라 정신건강의학과를 찾는 이들도 늘어났다. 정신건강에 대한 관심 또한 높아졌는데, 이는 인터넷뉴스의 건강섹션만 보아도 알 수 있다. '청소년 우울증', '은퇴한 남편을 둔 여성의 우울증', '신학기 우울증', '중년 남성의 우울증'까지 '우울증'이라는 증상 하나와 관련된 기사만도 이렇게 넘쳐나니 말이다. 예전엔 터부시하며 입에 올리기조차 꺼리던 정신과 질환에 대한 사회적 인식도 이런 관심들과 함께 변화되고 있다.

결혼 전 정식으로 남편을 소개시키기 위해 우리 부모님과 첫 만남의 자리를 갖던 날, 시아버님께선 혹시나 예비사돈이 당신 아들의 전공과를 안 좋게 보면 어쩌나 하고 걱정하셨다는 10여 년 전 이야기는 정신과에 대한 세대별 인식 또한 차이가 있다는 것을 알 수 있게 해 준다.

남편의 직업을 알게 된 이들의 첫 반응은 대체로 두 부류로 나뉜다. “어머, 정신과요?” 하는 ‘색안경’형, 그리고 “오, 저도 한번 만나보고 싶네요” 하는 ‘호기심’형. 그렇게 정신의학은 편견과 흥미로움으로 둘러싸인 학문이다. 주위 사람들은 아빠가 정신과 의사이니 아이 키우는 일이 얼마나 수월하냐고 한다. 글쎄? 중이 제 머리 못 깎는다고 하듯, 내 아이의 경우는 또 다른 차원의 이야기인 것 같다.

의사이기 전에 아빠이니 객관화하기 힘들고, 그래서 일관성을 유지하는 것도 쉽지 않을 것이다. 아이와 침대에 나란히 누워 좋아하는 음악과 영화에 대한 이야기를 나누고, 게임기를 하나씩 나눠 들고 함께 비디오게임을 하고 있는 평소의 모습을 보면 친구처럼 다정한 아빠임에 틀림없다. 하지만 유치하게 느껴질 정도로 별 것 아닌 일에 꽂혀서 아이에게 언성을 높일 때는, 정신과 의사고 나발이고 남자는 나이가 먹어도 아이임에 틀림없다고 내 나름의 진단(?)을 내리곤 한다. 아이의 머리가 굵어지고 반항심도 슬슬 나오는 사춘기 무렵엔 정말 '의사'로서의 역할이 필요하게 될지 모른다. 질풍노도의 시기를 보낼 아들을 얼마나 잘 이해하고 적절하게 대처해 줄는지, 그때가 되면 정신과 의사로서의 그의 역량을 한번 눈여겨볼 참이다.

자칭 '트리플 A형'인 소심한 나는 고민을 사서 하는 스타일이다. 일어나지도 않은 일에 대한 걱정부터 쉽게 결정하지 못하는 크고 작은 문제들까지…. 그럴 때면 남편과 맥주 한 캔씩 앞에 놓고 이런저런 이야기를 나눈다. 이때의 남편은 정신과 전문의가 아닌 그냥 말동무다. 당장 눈앞의 문제를 해결하려 들거나 뾰족한 해법을 제시하지 않는다. 나 역시 그런 영험한 해결책을 기대하는 것이 아니다. 그저 내 고민에 대해 공유하고 공감 받는 상호작용을 통해 긴장이 완화되면서 스트레스도 해소되는 것이다. 이건 정신과 의사로서가 아닌, 순전히 느긋하고 작은 일에 속 끓이지 않는 남편의 천성과 다정다감한 성격에서 오는 것이니, 서로의 마음에 귀를 기울여 주는 부부라면 누구나 각자의 카운슬러와 함께 살고 있다고 바꿔 말해도 무리가 없겠다.

지난해 연말, 환자가 휘두르는 흉기에 한 정신과 의사가 유명을 달리한 충격적인 사건에 온 국민은 경악했다. 학창

시절을 함께 보낸 대학 선배이기도 한 그분의 비극에, 남편은 슬픔과 함께 자신의 직업에 대한 회의와 무력감으로 힘들어했다. 발인이 엄수되던 날, 운구를 위해 영결식장에 다녀온 남편이 귀가해 홀로 눈물을 흘린 땐 조용히 어깨를 어루만져 주는 것 이외에 해줄 수 있는 일이 없었다. 하지만 슬퍼하고만 있기엔 눈앞의 현실도 외면할 수 없는 노릇이라 남편은 곧바로 진료에 복귀해야 했다.

당장 환자를 마주할 남편이 걱정되는 게 솔직한 심정이었던 터라, 급한 대로 호신용 방검복을 주문해 남편에게 입혀 보았다. 자구책이랍시고 생전 구경할 일도 없을 것 같았던 '방검복'을 사서 입고 있는 상황이라니…. 참으로 절망적이고 한심스러우면서도, 무슨 분장용 갑옷을 입은 듯한 둔중한 모습이 너무 우스워서 우리는 동시에 어이없는 웃음을 빵 터트리고 말았다. 가슴과 등에 철판이 들어 있는 구조라 전혀 자연스럽지가 않았고, 입고 있기에 너무 무거웠다. 무엇보다도 누가 봐도 어색한 모양새가 상대방에게 불쾌감과 거부감을 줄 여지가 충분해, 진료 중 착용하는 건 여러모로 무리가 있어 보여 이내 포기하고 말았다.

결국, 남편은 사건 이전과 크게 달라진 바 없는 의료현장에서 진료를 계속하고 있다. 사실 사건이 일어나기 전까지는, 진료 중의 위험은 물론이고 그가 매일 마주할 고충에 대해 크게 생각해 보지 못했다. 앓는 소리를 잘 하지 않는 사람이라 말을 안 할 뿐, 하루에도 수십 명씩 환자를 대하다 보면 별의별 일을 다 겪을 것이요, 집을 나서면 어디나 정글이고 전쟁터일진대…. 남의 마음 치유하느라 정작 본인 마음속은 들여다볼 여유조차 없는 것은 아닌지, 또다시 걱정을 사서 하는 이 버릇이 발동하기 시작한다.

긴 야근 끝에 마침 오늘은 모처럼 집에서 저녁식사를 할 수 있다는 반가운 톡이 왔다. 진하게 육수를 내고 신선한 채소와 얇게 포를 뜬 소고기를 곁들여 남편이 좋아하는 샤브샤브를 준비해봐야겠다. 지난번에 마트에서 사두었던 레드와인도 한 병 꺼내 이런저런 얘기를 안주처럼 함께 나눠봐야지. 즐거운 일엔 함께 신나해 주고, 힘든 일엔 위로해 주고, 누군가 험담이라도 하고 싶다면 맞장구도 쳐 주면서. 오늘은 내가 당신의 정신과 의사가 되어 주리라.

2019.『수필문학』7월호

생존과 굴복, 그 사이의 고통

– 소설 『생존자』를 읽고

역사의식이 희박해진 첫 세대가 바로 내가 대학에 들어가던 90년대 중반 무렵이 아닐까 싶다. 언론에선 우릴 두고 'X세대의 출현'이니 하며 호들갑을 떨었고, 실제로 우린 이데올로기를 논하기보단 철저한 개인주의적인 성향을 보였다. 거대 담론에 천착하기보단 '나'를 둘러싸고 있는 문제가 더 중요한 것은 이 십여 년 세월이 흐른 지금도 마찬가지. 처음 이 책을 선택한 것 역시 전쟁이나 이념에 대해 사유하고자 했다기보단, 작가 이창래의 화려하고도 흥미로운 이력에 혹했던 이유가 컸다.

한국에서 태어나 세 살 때 도미(渡美), 현재 프린스턴대 문예창작과 교수로 재직 중인 그는 명실공히 성공한 이민 1.5세로, 내 이목을 끌만한 요건을 두루 갖추고 있었다. 나의 이런 세속적인 관심 이면에는, 전후세대이면서 영어를 모국어로 쓰는 재미교포 작가가 자신이 직접 경험하지도 않은 6.25를 소재로 소설을 썼다는 것에 대한 삐딱한 거부감과 완성도에 대한 의구심도 존재했음을 부정하지 않겠다. 물론 소설의 첫 챕터를 읽는 순간, 강렬한 아우라에 압도되어 이 책을 한숨에 읽어 내릴 수밖에 없을 거라고 직감했지만 말이다.

전쟁고아 '준'과 한국전쟁 참전자인 미군 병사 '헥터', 그리고 만주사변 당시 일본군의 만행에 부모와 연인을 눈앞에서 잃은 충격으로 약물에 중독된 '실비', 이 세 사람이 산속의 한 고아원에서 만나 운명적으로 엮이면서 서로에게 기묘하게 매료되어 간다. 뒤얽힌 세 남녀의 비극을 통해, 전쟁이라는 거대한 광풍 속에 고통 받는 개인의 삶을 밀도 있게 조명하고 있다. 특히 그간 한국전쟁을 소재로 한 작품에선 분단된 조국에서 스러져가는 한국인에 주목한 경우가 대다수였으나, 이 소설에선 전쟁고아, 참전미군, 미국인 선교사의 아내를 통해 또 다른 시선으로 6·25전쟁을 바라보고 있다. 실제로 6·25는 한국만의 전쟁이 아니었다. 유엔군으로 참전한 외국 병사들이나 전쟁에 시달린 가난한 나라를 돕고자 한국에 왔던 선교사들에게도 전쟁의 기억은 생생한 아픔으로 남아 있다. 아울러 지옥 같은 전쟁통에 파멸되어 가는 인간성, 도덕, 윤리와 같은 문제들도 함께 생각해 보게 한다. 한 인터뷰에서 작가는 "이 소설은 아버지와 삼촌이 한국전쟁 당시 겪었던 일에서 시작됐지만, 전쟁소설이라기보다는 '집단 갈등이 인간 심리와 정신에 미치는 영향을 다룬 이야기'"라고 밝힌 바 있다.

전쟁을 너무나 사실적이고 강렬하게 묘사하며 독자를 흡입하는 작가의 필력 덕에 소설을 읽다 보면 그 참상은 온몸의 신경을 통해 전해진다. 피란 열차 지붕 위에 올라타고 가다 급정차한 기차에서 떨어져 두 다리가 절단된 동생을 두고, 오직 살아남기 위해 다시 기차 위로 올라타는 열한 살 소녀 준의 처절한 모습은 너무 생생하고 참혹하여 충격적이기까지 하다.

기차가 속력을 내고 있었고 그녀는 점점 기차로부터 멀어져 갔다. 그것은 이제 그들 남매에게 주어진 마지막 기회였다. 하지만 바로 그 순간, 지영의 다리에 묶여있던 허리띠가 풀리면서 바닥으로 흘러내렸다. 그러자 마개가 벗겨진 것처럼 지영의 다리에서 핏물이 콸콸 뿜어져 나왔다. 준은 달리면서 절단된 다리 부위를 꽉 움켜쥐었지만 한 손으로는 제대로 힘을 쓸 수가 없었다. 거침없이 쏟아지는 피를 막기에는 역부족이었다. 준은 결국 멈추어 서서 동생을 땅바닥에 눕힌 다음 양손으로 절단 부위를 꽉 움켜쥐었다. 기차는 천천히 남매를 스치고 남쪽으로 굴러갔다. 이제 그들의 뒤로는 기차의 3분의 1만 남아 있었다…. (중략)

"날 찾으러 돌아올 거야?"

준은 고개를 끄덕였다.

"괜찮아. 안 와도 돼."

준은 온기가 남아 있는 지영의 손을 내려놓고 역시 온기가 남아 있는 동생의 얼굴에 입을 맞췄다. 그러고 나서 동생의 곁을 가능한 오래 지켰다. 하지만 마지막 객차가 스치고 지나갈 때, 그녀는 자리에서 일어나 몸의 중심을 잡은 다음 오직 살아남기 위해 달리기 시작했다.

-소설 『생존자』 중에서

전쟁을 소재로 한 영화는 수도 없이 많고, 요즘은 잔혹하고 엽기적인 사건들도 많지만, 영상으로 접하는 참혹함보다도 활자화되어 다가오는 그 충격이 더 컸던 것은 작가 이창래의 건조하고 담담한 문체에서 전쟁의 광기가 더 극명하게 드러났기 때문인 것 같다. 이 소설의 원제는 『굴복한 사람들(The Surrendered)』이다. 살아남았다는 것이 어쩌면 전쟁 앞에 '굴복'하고 죽음 못지않은 고통을 오롯이 감내해야 하는 슬픔이라고 생각해 보면, 이 작품이 왜 『생존자』라는 제목으로 옮겨져 출간되었는지도 이해가 된다.

내 부모님은 전쟁통에 태어났지만, 당시 너무 어렸던 탓에 공포나 잔혹함은 기억하지 못하고, 나에게도 6·25전쟁은 멀게 만 느껴지는 역사의 한 페이지일 뿐이었다. 마지막 장을 덮으며 이 책을 처음 집어 들던 내 속물 같은 첫 마음이 부끄러웠고, 휴전협정 70주년을 맞는 지금까지 많은 사람에게 잊히지 않는 고통과 상처를 남긴 한국전쟁과 그 속에서 살아남은 사람들에 대해 다시 한번 생각해 보았다. 절망과 고통에 머물지 않고 그래도 하루하루를 살아낸 사람들, 전쟁의 광풍이 휩쓸고 간 자리에 현재의 희망과 가능성을 일궈내 준 사람들의 존재에 대해 말이다.

나라를 위해 싸우다 죽어간 이들만큼이나 이 '생존자'들의 숭고함에도 가슴이 찡해온다. 지금의 평화와 안락함을 너무나 당연하게 생각하며 살아온 것은 아닌지 무심했던 내 모습을 되돌아보며 이 글을 쓴다. 올해도 어느새 6월은 가까이에 다가오고 있다.

2023. 『여울문학회』 앤솔로지 Vol.25 휴전협정 70주년 기념호

여섯 살 인생

"아, 오늘이 빨리 지나가 버렸으면 좋겠다!" 햇살이 한가득 집안으로 스며드는 청명한 토요일 아침, 밥상에서 아들 녀석이 한숨과 함께 내뱉는 첫 마디가 심상찮다. 여섯 살 꼬마 입에서 나온 말치곤 다소 심각하다. 그 모습이 우스워서 뭐라도 한마디 해주고 싶지만, 아이의 마음속이 얼마나 복닥거릴지 능히 짐작되는지라 식탁에 마주앉은 우리 부부는 일단 아들의 푸념을 듣고만 있다.

대한민국 남자라면 필수로 익혀야 한다는 태권

도를 다섯 살 끝자락에 입문한 아들이 삼 개월 만에 첫 승급심사를 치르는 날이었다. 사실 흰 띠에서 노란 띠로 올라가는 첫 심사는 그저 큰 소리로 시늉만 하고 와도 승급은 떼 놓은 당상이다. 채점조차 하지 않는 요식행사이니, 입문자들에게 '희망과 용기를 불어넣어 주는 축제 한마당' 정도로 해석해도 무방하겠다. 하지만 '심사'라는 말이 주는 무게감 때문일까? 자신만만하던 아들 녀석은 당일이 되자 "엄마, 하다가 중간에 까먹으면 어떡하지?" "잘못하면 관장님이 혼내시나?" 등등 질문을 해대며 불안감을 숨기지 못했다.

아, 불안도 전염이 되는가. 아이가 걱정이 태산이니 이제 나까지도 좌불안석이다. 말로는 '씩씩하게 평소 하던 대로만 하면 된다'고 달래주긴 했지만, 저러다 도중에 울음이나 터뜨리고 내려오는 건 아닌지 일어나지도 않은 일까지 걱정이 될 정도다. 처음 태권도를 시작한 건 외동으로 크는 아이가 그저 씩씩하게 형 누나들과 뛰어놀며 예절도 배우길 바랐던 것뿐인데, 역시 좀 일렀던 걸까. 엄마 욕심 때문에 여섯 살짜리에게 이런 스트레스는 너무 가혹한 거 아닐까. 남편에게 자책감을 토로하자, 적당한 긴장감을 경험해보는 것은 아이가 단단해지는 데에도 도움이 될 거라고 위로해 준다. 이제 와서 후회해봤자 이미 때는 늦었고 심사 시각은 코앞에 다가왔으니, 남편 말마따나 좋게좋게 생각하는 쪽이 현명한 마음가짐일 것이다.

점심을 먹는 둥 마는 둥 하고 아이와 함께 태권도장으로 향했다. 서른 명은 족히 되어 보이는 학생들 사이에 멋쩍게 서 있는 아이의 뒷모습은 그야말로 주눅이 잔뜩 들었다. 어깨가 오늘따라 유난히 작아 보인다. 그 모습을 보고 있자니 이젠 내가 눈물이 날 지경이다. 관장님 말씀과 국민의례가 끝나고 드디어 아들이 속해있는 흰 띠들의 순서가 시작됐다. 덩치 좋은 초등학생들 사이에 오늘의 최연소, 최단신 수련생인 아들이 줄 맨 앞에 섰다. 내 가슴이 이렇게 두근거리는데 저 녀석 마음은 오죽할까. 그 와중에 엄마 아빠를 찾다가 눈이 마주친 아들이 슬쩍 손을 흔들어 주는 것을 보니 두근반세근반 하는 제 엄마 마음을 달래 주려는 것 같다.

처음엔 긴장하던 녀석도 사범님 기합 소리에 진지하게 기본 동작을 시작했다. 몸통막기, 얼굴막기, 손날 목치기, 주먹 지르기…. 간단하지만, 태권도 문외한인 엄마는 들어본 적도 없는 동작들을 침착하게 해낸다. '무조건 큰 소리로 하라'는 말이 기억났는지 목청껏 기합을 내지른다.

평점심을 찾은 아이를 보니 나도 안심이 되었는지 문득 지난날의 내 모습도 오버랩된다. 학창시절부터 직장생활까지 내가 마주했던 관문들과 그 앞에서 느꼈던 수만 가지 감정들이 되살아나는 듯했다. 마지막으로 한 명씩 자기소개하는 것을 끝으로 무사히 순서를 마쳤다. 비디오카메라로 녹화하던 남편도, 가슴을 졸이며 손에 땀을 쥐던 나도 대견한 마음이 한 가득이다. 당당히 합격의 영광을 안고 아이스크림을 하나 입에 물고는 집으로 돌아가는 아이의 발걸음이 가볍다.

가급적 내 아이는 근사한 것, 멋진 것만 누리고, 슬프고 아픈 일은 피했으면 하는 게 부모 마음이지만, 그건 정말 욕심이라는 걸 누구나 알고 있다. 부모가 나서서 미리 피하게 해 줄 수도, 대신 경험해 줄 수도 없는 일이다. 시간이 지나고 나이를 먹을수록 아이는 이런 '시험의 무대'에 더 많이 서게 될 것이다. 오늘과 마찬가지로 긴장하고 걱정하고 두려워하며 그 무대를 준비할 것이고, 성공의 환희뿐 아니라 좌절의 고통도 맛보게 될 것이다.

아이가 부모의 우산 아래가 아니라, 오롯이 자신의 인생을 책임져야 할 때가 되면 더 이상 짜고 치는 '요식 행위'도 '연습 게임'도 없을 테고, 냉혹한 승부의 세계로 진입할 일만 남게 되리라. 태어난 지 만 오 년도 안 되어 첫 관문을 통과하는 아이를 보면서 안쓰러운 마음이 앞섰지만, 고난 앞에 의연할 수 있고 시련 속에 꿋꿋할 수 있는 지혜와 용기를 스스로 체득하기를 소망해 본다.

길었던 하루를 마치고 잠자리에 들면서 요 꼬맹이가 "엄마, 나 이젠 줄넘기 연습도 좀 해야겠어"란다. 아마도 형 누나들이 태권도 동작뿐만 아니라 줄넘기도 능숙하게 하는 모습이 멋있었나 보다. 알량한 엄마 마음엔 이런 의젓한 생각을 할 때 뭔가 교육적인 멘트로 마무리해 줘야 할 것 같다. 아이의 머리를 쓸어 넘겨 주며 줄넘기의 효용, 노력의 중요성 같은 잔소리 비슷한 이야기를 늘어놓다 보니 어느새 아이는 새근새근 낮은 숨소리를 내며 잠이 들었다. 하나부터 열까지 다 알려줄 필요가 없다는 걸, 아이도 때가 되면 스스로 깨닫게 된다는 걸 모르는 것도 아닌데 그새를 못 참고 베갯머리에서까지 또 뭘 가르치려는 이것도 병이다 싶어 한심한 웃음이 나온다. 막 샤워하고 말린 아이의 부드러운 머리칼에서 달콤한 향기가 난다. 조용히 아이의 이마에 입을 맞추며, 어둠 속에 내 어리석음을 감춰본다.

2014. 제13회 전국신인문학상 수필부문 우수상 수상작

어느 '품속 아주머니'의 다짐

무엇을 보려는지 살짝 실눈을 뜬다. 작은 귀, 검고 풍성한 머릿결, 쉬지 않고 오물거리는 입. 지구에 또 한 명의 생명체가 왔음을 실감케 하는 작은 아이가 지금 내 눈앞에서 꼬물거리고 있다. 만 하루 전, 건강한 조카가 태어났고, 나는 드디어 이모가 되었다.

다섯 살 터울인 막냇동생은 결혼 직후 당시 학업 중이던 제부와 함께 도미(渡美), 신혼생활을 시작했다. 학업이 끝나면 다시 서울에 모여 살겠거니 했던 기대도 잠시, 제부가 졸업과 함께 홍콩에서 직장을 다니게 되어 또다시 동생 내외는 외국생활을 이어가게 되었다. 미국보다야 심리적, 물리적 거리감은 줄었지만, 워낙 친밀했던 자매지간에겐 너무도 먼 타국이었다. 각자의 가정을 꾸리긴 했어도 이렇게 오래 떨어져 지내리라고는 한 번도 생각해 보지 못했기에 서운함을 이루 말할 수 없었다.

그러다 한국에 잠시 다니러 온 동생이 아기를 가졌다는 사실을 알게 되었다. 한국행 비행기에 오를 때 이미 임신 초기였던 것이다. 본인조차도 예상치 못했던 소식에 온 가족의 감동과 기쁨은 더욱 컸다. 결혼한 지 만 2년이 지나던 동생 부부는 간절히 아이를 기다리던 더였다. 가족 한 명 없는 타국에서 답답했을 그 마음을 누가 짐작할 수 있으랴. 그런 시간 끝에 접한 소식이라 반가움과 행복감은 더했다.

배 속의 아이가 너무 큰 탓에 출산 예정일을 하루 넘겨 수술을 하게 되었다. 제 부모 모두 4킬로가 넘는 우량아라 둘 다 수술로 세상의 빛을 보았으니, 이 녀석 몸집이 작으면 그게 오히려 이상한 일이다. 몇몇은 자연분만을 하지 못함을 아쉬워했지만, 조카를 간절히 바라던 나에겐 '제왕의 절개'라는 이 수술마저도 특별하게 느껴졌다. 아이는 어찌나 순한지 벌써부터 신생아실 의료진들로부터 의젓한 아기로 통하고 있다. 지금은 자는 게 하루 일과의 대부분이지만, 맹렬하게 젖을 빠는 모습에서 싱싱한 생명력이 고스란히 전해진다.

북한에 "이모는 품속 아주머니"라는 속담이 있다고 한다. 조금 낯선 표현이지만, 이모가 어머니 다음 가는 가까운 사이라는 뜻이라는 건 어렵지 않게 유추할 수 있다. '품속 아주머니'라니, 곱씹어 볼수록 참 정겹고 근사한 표현이다. 아직 이름조차 없어 그저 '아가'라고 부르는 내 조카. 나는 이 아이의 든든한 '품속 아주머니'가 되어 언제나 그편에 서주리라 다짐해 본다. 스스로 목을 가누고, 스스로 앉고, 잡고, 서고, 뛰는 모든 과정을 여유 있게 지켜보고 응원할 것이다. 아이의 성장과 발전에 칭찬과 응원을 아끼지 않을 것이며 그 과정에 설령 실수가 있더라도 한결같이 격려하고 지지할 것이다. 아이가 자라 소녀가 될 무렵엔, 질풍노도의 시기를 관통하는 그 발걸음에 힘을 실어줄 것이다. 세상의 대부분 모녀가 그러하듯, 아이는 때때로 제 엄마와 다투고 토라질 것이나, 그럴 땐 나는 아이 편에 서서 이 아이가 늘어놓는 하소연과 불평불만에 진지하게 귀 기울이며 아이의 딱한(?) 사정을 살펴봐 줄 것이다.

그리고 제 엄마 역시 딱 너만 했을 때 외할머니와 아주

비슷한 과정을 거쳐 왔다는 것도 슬쩍 귀띔해 주리라. 또한, 너의 엄마가 너를 얼마나 사랑하는지를, 이 모든 것이 실은 너를 위한 것임을 스스로 깨달을 수 있도록 다정한 조언을 아끼지 않을 것이다. 엄마에게 하지 못할 이야기도 이모에겐 쪼르르 달려와 털어놓을 수 있고 늘 위안이 되는 그런 존재가 되어 주고 싶다.

정작 내가 7년 전 아이를 낳았을 때는 세상이 뒤집힌 것 같은 갑작스러운 변화에 경황이 없던 나머지, 아이가 예쁘다는 것 이외에 다른 감정을 느낄 겨를이 없었다. 지금 내 눈앞의 아기는 신비로움 그 자체다. 이 우주 어디의 그 누군가가 이 생명을 허락하여 우리에게 보내준 것일까? 엄마 배 속의 양수에서 유영하며 탯줄로 호흡하던 아이가 자궁문을 나서면서 스스로 폐호흡을 시작한다는, 생물 교과서에서 배울 땐 당연하다고 생각했던 이 메커니즘이 새삼 경이롭다. 조물주가 그 누구이든, 어제까지는 존재하지 않던 이 생명체를 앞에 두고 어찌 신의 존재를 인정하지 않을 수 있으랴. 대자연의 오묘한 섭리가 지금 내 눈앞에 형상화되어 새근새근 단잠에 빠져 있는 것을 보니, 나를 둘러싸고 있는 모든 것들이 갑자기 기적처럼 느껴진다.

'아들, 딸 둘 다 있으면 금메달, 아들만 있으면 목매달'이라는 우스갯소리가 있다지. 애교 많은 아들 덕에 아직까진 딸 아쉬운 줄 모르고 지내지만, 살다 보면 엄마 마음 몰라주는 아들 때문에 서운할 일이 왜 없겠는가. 장가보내고 나면 '내 아들'이 아니라 '며느리의 남편'이라 하니, 그때 되어 속상한 일 생기면 우리 조카와 마주앉아 아들 흉도 보게 될 것 같다.

세상에 나와 대면한 지 만 하루 지났을 뿐인데도, 이 아이를 생각하면 신비로움, 애틋함, 경이로움 등 다양한 감정들이 교차된다. 아이와 나의 상호작용은 전무하다시피 한데도 마치 아주 오래전부터 이 아이와 알고 있었던 것처럼 낯설지 않고 친근하니, 이 신기하고 예사롭지 않은 감정은 그야말로 '핏줄'이라는 단어로만 설명될 것 같다. 동생의 산후조리가 끝나고 조카가 백일이 지나면 두 모녀는 삶의 터전이 있는 홍콩으로 돌아갈 텐데, 그때가 되면 이 아이가 눈에 밟혀 어쩌나 벌써부터 걱정이 태산이다. 가까이 있을 때 한 번이라도 더 보고 내 마음속엔 조카를, 조카의 기억 속엔 나를 새겨 주겠다며 욕심을 내고 있다. 언제쯤 이모를 알아보고 기억해 줄 수 있을까? 갑자기 마음까지 급해지는 나는 아직 '품속 아주머니' 보단 '조카 바보' 쪽에 가까운 것 같다.

2014. 『여울문학회』 앤솔로지 Vol.16

커피 미학

오전 회의로 여느 때보다 출근이 이른 남편이 샤워하는 동안 아침을 준비하며 오늘 입고 나갈 셔츠와 비타민 등을 챙겨둔다. 아침식사를 마친 남편이 집을 나서면 이번엔 아들 차례. 아직도 꿈나라인 아들을 여러 차례 흔들어 깨우고, 아이가 밥 먹는 동안 '준비물은 다 챙겼니? 숙제는 가방에 잘 넣었니?' 같은, 질문을 빙자한 잔소리를 하면서 전날 다려둔 옷을 꺼내둔다. 책가방 멘 아이가 운동화를 구겨 신고 집을 나서면, 일단 오늘 아침의 첫 번째 미션은 완성.

창밖을 내다보니 하늘빛이 유난히 파랗고 맑다. 날씨앱을 켜보니 오늘의 대기환경은 '아주 좋음'이다. 마음 놓고 창문을 활짝 열어 환기시킬 수 있는 고마운 아침. 빠르게 설거지를 마치고 청소기도 한번 돌린다. 신선해진 실내 공기가 만족스럽다. 창문을 닫고 커피를 내려 온 집 안을 그윽한 커피향으로 채우는 것으로, 아침은 오롯이 나만의 평화로운 시간으로 바뀐다.

반복되는 오전의 과업을 마치고 마시는 따뜻한 커피 한 잔은 내 삶의 질을 한 단계 올려준다. 커피를 즐기게 된 건 졸업 후 직장생활을 시작한 무렵이다. 대기업 홍보팀은 언론사, 특히 신문사의 마감 시간과 리듬을 함께 하기 때문에 매일 매일 '초치기'로 처리할 일들이 산재했다. 취재용 자료를 요청한 기자들이 홍보팀 사정을 봐줄 리 없기 때문에, 재촉 전화가 오기 전에 빨리 작성해 보내야 할 취재 협조 자료들이 한두 건이 아니었다.

당시엔 신문사가 많기도 많아서 4대 일간지부터 경제전문지, 스포츠지까지 출입기자가 스무 명 가까이 되어, 동시다발로 자료 요청이 들어오면 정신이 하나도 없는 상태가 되곤 했다. 기사 마감 시간이 다가올수록 마음은 급해지고, 계속 '쪼는' 전화는 걸려오는 와중에도 뜨거운 커피 한잔은 꼭 노트북 옆에 놔두고 일을 했다. 당시 내 직속 사수는 바빠 죽겠는데 커피 마실 정신이 어디 있냐며 어이없어 했지만, 급하고 바쁠수록 뜨거운 커피를 한 모금 마셔야 조바심을 가라앉히고 일에 집중할 수 있었다.

지금이야 그런 전쟁 같은 상황은 겪을 일이 없지만, 뭔가 몰두하고 싶을 때, 마음을 차분히 하고 싶을 땐 꼭 뜨거운 커피 한잔과 함께 한다.

"I love coffee, I love tea, I love the Java Jive and it loves me"라고 시작하는 올드팝 「자바 자이브(Java Jive)」는 노골적인 카페인 찬양가다. 나 역시 카페인 없이는 하루도 살 수 없는 커피 애호가다. 커피에 대한 전문적인 지식도 없고, 바리스타처럼 맛있는 커피를 뽑는 재주도 없지만, 커피 그 자체를 사랑한다.

고압(高壓)의 물이 커피 가루를 통과하며 추출된 진한 에스프레소를 기본으로, 그 위에 우유 거품, 휘핑크림, 계핏가루, 초콜릿 등 어떤 재료를 첨가하느냐에 따라 카페라테, 카페모카, 카페마키아토 등 다양한 커피가 만들어지는데, 나에게 있어 단연 으뜸은 '아메리카노'다.

진한 에스프레소에 뜨거운 물을 섞어 연하게 마시는 미국인들을 보고, 이탈리아인들이 신기해하며 '미국인들이 마시는 커피'라는 의미를 담아 '아메리카노'라 명명했다는 커피. 나는 커피를 즐길 때 꼭 초콜릿이나 쿠키, 케이크 같은 달콤한 주전부리와 함께 마시는 걸 좋아하기 때문에, 유지방도, 당분도 전혀 들어가지 않은 진한 아메리카노야말로 최고의 궁합을 자랑한다.

관리도 어렵고 가격도 비싼 정통 에스프레소 머신 대신 간편하고 저렴한 캡슐형 머신이 보급되면서, 이제 집에서도 아메리카노를 손쉽게 마실 수 있게 됐다. 캡슐 가격 역시 낮아져 한잔에 사, 오백 원 정도면 커피전문점 부럽지 않은 아메리카노를 즐길 수 있으니 말이다. 매혹적인 블랙의 바디 위에 부드럽게 퍼지는 황금빛 크레마(Crema)는 맛과 향을 더욱 풍부하게 해주는 최고의 매력 포인트다.

하지만 아메리카노로는 충분치 않은 상황도 종종 있다. 아주 매운 음식을 먹었을 때나 스트레스가 쌓일 때, 혹은 몸이 매우 피로할 때 꼭 한잔 마셔줘야 하는 커피가 있으니, 일명 '다방 커피'라고 하는 인스턴트 믹스커피다. 소위 말해 '당 떨어지는' 상황에선 달콤한 믹스커피만 한 것이 없다. 모 영부인이 즐겨 마셨다 하여 '청와대 커피'라고도, 가사도우미들이 고된 일과 후 마셨다 하여 '파출부 커피'라고도 불리는 커피. 다양한 별칭처럼, 지위 고하를 막론하고 각계각층의 취향을 만족시키는 마성의 맛이라 하겠다. 커피, 설탕, 크림의 절묘한 삼박자가 만들어 내는 조화는 그 어떤 고급 원두도 줄 수 없는 위로와 휴식의 맛이다.

프랑스의 정치가이자 외교관인 샤를 모리스 드 탈레랑은 “좋은 커피는 악마처럼 검고, 지옥처럼 뜨거우며, 천사처럼 순수하고, 사랑처럼 달콤하다.”고 했다. 그렇다. 커피는 뜨거워야 제맛이다. 처음부터 시원하게 즐기려고 만든 아이스커피가 아닌 다음에야, 식어버린 커피처럼 맥 빠지는 음료도 없을 것이다.

그렇다고 입천장이 다 데일 정도로 무작정 뜨겁다고 맛있는 커피는 아니다. 잡내 제거를 위해 커피포트에 물을 팔팔 끓이되, 찻잔을 낼 때의 온도는 75도 정도 되는 것이 최적이라 한다. 따라서 커피 탈 때의 온도는 85도 정도가 가장 좋겠다. 팔팔 끓인 물을 커피잔에 담았다, 도로 포트에 담았다를 반복하며 온도를 떨어뜨려야 최고의 맛을 내는 커피가 완성된다 하니, 인스턴트커피 한잔도 제대로 즐기려면 상당한 수고로움을 감내해야 하는 것이다.

글을 몇 줄 쓰다 보니 왠지 문장이 막히기 시작하고 뭔가 마음도 허전하다. 글을 시작할 때 노트북 옆에 갖다 두었던 커피는 이미 바닥을 보인 지 오래이니, 이 공허와 불안의 원인이 무엇인지는 자명하다. 자, 그럼 이참에 커피나 한잔 새로 내려볼까…. 나는 절대 카페인 중독이 아니라고, 이건 절대적으로 졸고(拙稿)라도 한 편 쓰기 위함이라고 합리화하면서….

2019.『수필문학』 11월호 공동제「혼자 있는 시간」 특집

X세대의 올림픽 연대기

사람 체온에 육박하는 폭염 탓에 집 문턱을 넘지 못하고 두문불출하는 요즘이지만, 억울하거나 짜증 나기는커녕 오히려 하루하루 즐거운 이유는 아침부터 늦은 밤까지 함께 하고 있는 올림픽 경기 때문이다. 알아주는 몸치인 나는, 직접 땀 흘려 뛰고 던지기보다는 선수들의 빛나는 퍼포먼스를 보며 감탄하기를 즐기는 쪽이다. 혹서의 계절에 세계 정상급 선수들의 명승부를 에어컨 바람 아래에 누워 넋 놓고 보고 있자면, 행복이 뭐 별건가 하는 생각마저 든다.

전 세계를 강타한 바이러스로 인해 올림픽이 한 해 연기되는 초유의 사태 속에 어쨌든 축제의 막이 올랐다. 세상은 다이내믹하게 변화 중이고 스포츠가 아니어도 자극적이고 재미있는 것들이 도처에 산재해 있지만, 그래도 올림픽은 올림픽이다. 비록 '지구촌 축제'라는 별칭이 무색해지는 무관중의 썰렁한 잔치이기는 해도, TV 전원만 켜면 그 어떤 드라마보다도 흥미진진한 경기가 기다리고 있으니 확진자 수가 몇 명이네, 방역단계는 몇 단계네 하는 뉴스에 지쳐 있던 일상에 활력이 생긴다.

올림픽에 대한 최초의 사적인 경험은 -아마 내 또래들은 대부분 비슷하지 않을까 싶은데- 88서울올림픽이다. 당시 국민학생이었던 나에게 88서울올림픽은 '범국가적 경사(慶事)' 같은 느낌으로 기억된다. 우리집과 멀지 않았던 잠실 일대는 곳곳에 펄럭이는 만국기와 오륜기로 그야말로 축제 무드였고, 서울 시민이라면 이 역사적인 경기를 '직관[1]' 해야 한다는 사명감도 있었던 것 같다. 온 가족이 잠실 올림픽 경기장으로 출동해 관람했던 경기는, 국적조차 기억나지 않는 외국 선수들의 남자 테니스 단식 예선전이었다.

---

1) 스포츠경기를 대중매체를 통한 중계가 아닌, 경기가 열리는 장소에 가서 '직접 관람'하는 것을 뜻하는 은어

이 뜬금없는 경기 선택은 이제 와 미루어 짐작컨대, 한낮의 야외 코트 경기라 너무 뜨거운 데다 유명 선수들의 경기가 아니어서 상대적으로 표가 여유 있게 남았었기 때문이 아닐까 싶다. 그 시절 아버지가 즐겼던 스포츠가 테니스였던 것도 한몫했을 것이고…. 테니스 용어도, 룰도 모르던 국민학생 삼 남매는 그렇게, 마치 현장 체험학습을 하듯 생애 첫 올림픽 '직관'을 경험하게 된다.

2004년에 열린 28회 아테네 올림픽에도 잊지 못할 추억이 하나 있다. 그해 9월 내 결혼식을 앞두고 친정에 함이 들어오기로 한 8월의 어느 주말이었다. 그날은 시어머니께서 특별히 받아오신 길일이었는데, 용하다던 그 점쟁이도 하필 그날 한국 스포츠 역사에 길이 남을 명승부가 펼쳐질 거라는 사실은 미리 알지 못했으리라.

예비 신랑과 그의 친구들이 그 무더운 여름밤 양복을 차려입고 땀을 뻘뻘 흘리며 어색하게 "함 사시오!"를 외치던 그 시각, 공교롭게도 여자핸드볼 결승전이 열리고 있었던 것이다. 훗날 「우리 생애 최고의 순간」이라는 제목으로 영화화되기도 했던 이 결승전에서 우리나라는 덴마크와 두 차례나 연장전을 펼쳤는데 그 과정이 어떤 영화보다도 더 영화 같았다. 결국, 승부 던지기까지 가며 선전한 우리 팀은

2-4로 석패 했고, 우리 국민 중 이 경기에 빠져들지 않은 이가 없을 정도로 감동적인 명승부였다.

문제는, 아파트 단지에서 쑥스러움을 무릅쓰고 쭈뼛거리며 "함 사시오!"를 외치는 이 청년들과 옥신각신하는 척이라도 해야 할 우리 가족들마저 모두 이 경기에 빠져들어 버렸다는 사실이다. 당시 남편 친구들 중 유일한 유부남이라는 이유로 함진아비를 맡게 된 K 씨는 무거운 함을 메고 심지어 냄새나는 마른오징어 가면까지 쓴 상태였다. 예비 신부의 친구들과 어린 처제가 나와서 얼른 들어가시자고 하면 못 이기는 척 순순히 끌려 들어올 생각이었던 예비 신랑과 친구들은, 예상과는 달리 감감무소식인 처가 식구들의 반응에 당황했고 그 와중에도 아파트 각 세대에서 터져 나오는 탄식과 박수 소리로 경기 결과를 짐작했다고 한다.

경기에 몰입했던 가족들이 속속 정신을 차리고, 지금 올림픽이 문제가 아니라 어서 귀한 손님을 맞아야 한다고 서두른 덕에 마침내 신랑과 친구 무리는 무사히 친정에 입성했다. 이제는 모두 40대 후반의 가장이 된 그날의 용사들은 종종 만나 술잔을 기울이곤 하는데, '올림픽 여자핸드볼 결승전'은 늘 술상에 올라오는 단골 안줏거리다.

그리고 세월이 흘러 40대 중반의 나이에 만나는 또 한

번의 올림픽. 이웃 나라에서 열리는 덕분에 시차가 없어 경기 중계를 챙겨보기 이보다 더 좋을 수 없는 환경이다. 하지만 이젠 승부 그 자체에 매몰되기보단 선수 개개인이 눈에 들어온다. 특히, 내 아이와 몇 살 차이도 나지 않는 어린 선수들을 보면 그야말로 '엄마 마음'이 돋아난다. 순간순간에 집중하고 자신 안의 에너지를 끌어모아 폭발시키는 그 모습이 경이롭다. 경기에서 패배했지만 "내 경기를 했으니 만족한다"는 그 의연함은 오히려 내가 배우고 싶을 정도다. '국위 선양'이라는 중차대한 대과업을 어깨에 짊어지고 세계 무대에 섰던 과거 국가대표들은 경기에서 지면 대역 죄인이나 된 듯 눈물을 떨구며 고개를 숙였지만, MZ세대인 요즘 선수들은 그저 최선을 다하고 즐기면 그걸로 족한 것이다.

해가 저물어 가는 시각. 우리나라 안창림 선수가 출전한 남자 유도 73kg급 동메달 결정전이 펼쳐지는 중이다. 1라운드부터 16강, 8강, 준결승까지 모두 연장전을 치르고 이 자리까지 올라온 그는 한눈에도 지친 기색이 역력하다. 안 그래도 격투 종목은 처절한데, 오늘 안 선수의 여정은 단 한 경기도 쉽지 않았다. 오늘 처음 본 나도 이렇게 마음이 아픈데 저 부모 심정은 어떨까 짐작만 해본다. 바닥난 체력으로 사투를 벌인 안 선수는 마침내 순간적인 업어치기로 승부를 갈랐다. 동메달을 결정짓고 매트에서 내려온 안 선수는 벅찬 표정으로 마치 아이처럼 코치와 포옹을 나누고 있다.

정작 경기장 안에는 패한 선수, 이긴 선수, 지도자 그 누구 하나 우는 사람이 없는데, 'MZ세대'가 아닌 'X세대'라 쿨 하지 못한 내 눈에선 주체할 수 없는 감격의 눈물이 흐른다. 이러다 아들이 느닷없는 엄마의 눈물을 보면 뜨악해 할 것이 자명하여 슬며시 설거지하는 척 부엌으로 자리를 옮겨본다. 뜨거운 오늘 밤도 경기는 계속된다.

2021. 『수필문학추천작가회 연간사화집』 29호

인간에 대한 예의

백작약 필 무렵

초인종 소리에 문을 열어보니 택배 상자가 놓여 있다. 1미터 남짓 길쭉한 박스 모양을 보니 기다리던 그 물건이 확실하다. 서둘러 개봉해 보니 큼직한 알사탕 같은 하얀 몽우리가 모습을 드러낸다. 무려 전남 강진에서부터 물 한 모금 못 마시고 여기까지 왔으니 초여름 같은 날씨에 얼마나 목이 탔을꼬? 찬물에 얼음도 가득 채워 서둘러 갈증부터 채워준다. 30여 분 지나니 어느새 지친 잎사귀와 줄기, 몽우리까지 생기가 돌며 생명력을 발산하기 시작한다. 바야흐로 작약의 계절이다.

매화로 시작해 벚꽃, 산수유, 철쭉, 목련까지 앞다투어 미모를 뽐내고 나면 봄은 완연히 무르익는다. 한낮 볕이 제법 뜨거워져 '슬슬 반소매 옷을 꺼내야 하나?' 하는 생각이 드는 매년 이맘때쯤, 마치 연례행사처럼 여름옷보다도 먼저 주문하는 것이 바로 작약이다. 팬데믹 초기, 화훼 농가를 돕는 캠페인의 일환으로 온라인 직거래 장터에서 작약을 주문한 것이 시작이었다. 꽃을 택배로 받아본다는 건 생각도 못 해봤던 일인데, 의외의 낙이 한 가지 생긴 것이다. 답답한 집콕 생활 중에 소담스럽게 피어난 작약이 준 행복감은 예상보다 훨씬 컸고, 그 이후부터 작약 기다리는 즐거움으로 이 계절을 맞이한다.

작약과 매우 흡사한 생김새로 모란이 있다. 아버지께 화투를 처음 배웠던 어린 시절, '육목단' 화투장 속 붉고 탐스런 모란꽃이 한 여배우의 미모를 닮았다는 말씀을 들은 기억이 난다. 그땐 그런가 보다 했던 그 미녀가 바로 원로배우 김지미였다는 건 한참 후에 알게 된 일이다. 젊은 시절 그녀의 사진을 검색해 보니, 큰 이목구비와 화려한 표정이 과연 모란에 견줄 만하다는 생각이 든다. 모란의 꽃말이 '부귀영화'이니 뭔가 여배우의 이미지와도 일맥상통하다.

이런 모란꽃이 지고 나면 곧이어 작약이 몽우리를 터뜨

린다. 생김새는 비슷하지만 모란은 나무이고, 작약은 풀이다. 일반 사람들은 꽃만 보고는 구분하기 힘들 정도로 서로 닮았는데도, 유독 작약에는 '함박꽃'이라는 별칭이 있다. 함지박처럼 소담스럽게 핀 모습 덕에 붙은 그 별칭 때문에 좀 더 소박한 느낌이 든다.

예로부터 중국에선 모란을 '화왕(花王)'이라 칭하며 꽃 중의 왕 대접을 해 주었다지. 작약은 그 화왕을 모시는 재상인 화상(花相)이라 불렸다 하니, 품계를 따지자면 작약이 모란보다 한 급 아래다. 꽃말마저 '수줍음'이라니, '인싸' 기질의 모란에 비해 어쩐지 화려함도 덜하고 나서지도 않는 '내향인' 같은 분위기야말로 내가 작약을 사랑하는 이유다.

작약은 그리 오래가는 꽃은 아니다. 싱싱하게 자태를 유지하는 기간은 고작 일주일 남짓. 그 짧고도 소중한 시간만이라도 최고의 컨디션을 지켜주기 위해 늘 물은 청결하게 관리하고, 긴 외출을 하거나 모두 잠든 밤엔 냉장고에 넣어 보관한다. 이 성가신 과정은 나 좋자고 사서 하는 수고로움이고 스스로를 위해 지불하는 '감정 비용'이지만, 그럼에도 불구하고 그 귀한 시간을 즐기려 한다. 숨이 멎을 만큼 우아한 자태를 마음껏 뽐낸 작약은, 자신의 꽃말마따나 부끄러운 듯 하루아침에 꽃을 떨구고 만다. 특히 새하얀 예닐곱

송이 백(白)작약이 한꺼번에 꽃병 아래 떨어져 있는 모습은 마치 날개를 접고 쉬고 있는 백조 같기도 하고, 무희가 벗어둔 흰 드레스 같기도 하다. 범인(凡人)들은 절대 알 수 없는, 왕족의 외로운 뒷모습 같다는 엉뚱한 생각도 들게 하는 풍경이다. 그 모습까지 하루 이틀 그대로 두고 보며 비애감인지, 애틋함인지 알 수 없는 감정까지 즐기다 보면, 테이블 위에 알알이 떨어진 꽃잎은 완전히 마른다. 그렇게 열흘 만에 작약은 우리 집에서 퇴장하고, 어느새 계절은 본격적인 여름으로 진입해 있다.

눈이 즐거워지는 재미에 들이기 시작한 작약은, 해가 갈수록 나에게 남다른 의미가 되고 있다. 작약과 함께 한 이 열흘은, 여름을 목전에 둔 스스로에게 보내는 격려의 시간이자 다음 계절을 맞이할 준비 기간이다. 겨울 초입에 태어나서인가? 나는 유독 여름을 나기가 힘들다. 심적으로나 신체적으로나 맥을 못 추고, 어쩐지 이 계절엔 되는 일도 없었던 것 같다. 이런 연유로, 여름이 다가온다고 생각하면 겁부터 더럭 나곤 했다. 습기와 더위만 생각하면 짜증부터 올라오던 지난날의 나에게, 작약이 선사해 준 이 황홀함을 마치 주문처럼 떠올리게 할 참이다.

본격 무더위가 시작되기 전, 작약을 가꾸며 다가올 계절을 조금 더 안정감 있게, 조금 더 여유를 가지고 지내보자고 나 자신에게 다짐해보는 것이다. 작약과 함께한 이 준비기간이 길고 지루한 더위를 현명하게 견디게 하는 응원과 위로가 되어줄 거라는, 밑도 끝도 없는 믿음으로 다가오는 계절을 환대해보려 한다. 이래저래 심란한 일들이 많은 세상, 살짝 비켜 갈 수 있다면 그런 행운도 괜찮을 것 같다.

2023.『수필문학추천작가회 연간사화집』31호

부부의 세계

"러시아에 이런 속담이 있습니다. '전쟁에 나갈 때는 한번 기도하고, 바다에 나갈 때는 두 번 기도하라'. 요즘은 여기에 더해 '결혼할 때는 세 번 기도하라'고 한답니다. 전쟁과 바다보다 더 예측하기 힘들고 어려운 게 결혼생활이라는 얘기겠죠."

사제의 위트 있는 강론 덕분에 성스러운 대성전에 기분 좋은 웃음이 감돈다. 장가도 안 가본 신부님께서 어찌나 세심하고 다정하게 결혼생활에 도움 될 말씀을 해 주시는지. '주례사' 하면 으레 떠오르는 지루함을 느낄 틈도 없이 어느새 혼인성사는 후반부로 넘어가고 있다.

가을의 문턱에 선 9월의 어느 주말, 외사촌동생의 결혼식에 참석했다. 2, 30대엔 주말마다 선후배, 친구들의 결혼식에 다니느라 바빴었는데, 언젠가부터 '남의 혼례' 구경할 일이 없어졌다. 공부하고 취업하고 돈 모으느라 바빠서 연애도, 결혼도, 출산도 포기한다는 요즘 세태 때문인 건지, 비혼주의자들이 늘어서인 건지, 이도 저도 아니면 갈 사람은 다 갔기 때문인 건지…. 어리다고만 생각했던 사촌동생이 시집을 간다니 기특하기도 하고, 간만에 초대받은 결혼식이기도 해서 괜히 혼주도 아닌 내가 들뜨는 기분이다. 아침부터 미용실에 가서 머리도 하고 새 옷도 꺼내 입고 식이 거행될 정동의 한 성당으로 향했다.

모처럼 뵙는 친지들도 반갑고, 신랑신부와 그 친구들에게서 느껴지는 젊은 에너지는 유쾌하다. 무남독녀 외동딸을 시집보내는 외삼촌의 나라를 잃은 것 같은 표정에서도, 행복에 겨워 어쩔 줄 모르는 두 신랑신부에게서도 모두 기시감(既視感)이 느껴진다. 어느새 이 풍경들은 18년 전 9월, 내 결혼식과 자연스럽게 오버랩되고 있다. 아마 지금 두 사람은 '전생에 우리가 무엇이었기에 세상 그 많은 이들 중에 부부의 연을 맺게 되었을까' 하며 그 영묘함과 신비함에 취해 있을 것이다. 마치 18년 전 내가 그랬던 것처럼. 20년 가까이 결혼생활을 해보니, 서로를 '만났다는 인연'만큼이나 함께 '살아간다는 노력' 또한 기적 같은 일이다.

30년 남짓한 세월을 서로 다른 정서와 문화 속에 자라온 성인 남녀가 한 지붕 아래 살게 되면서 갈등이란 불가피한 것이기 때문이다. 다툴 수 있다는 건 아직 정이 있다는 것이요, 그 다툼을 잘 해결하고 상처를 봉합해 더 나은 삶을 위해 노력하는 것이야말로 결혼생활의 전부라 해도 과언이 아니다. 전쟁보다 험하고 바다보다 거친 것이 결혼이라면, 내 배우자는 전우(戰友)보다도 더 끈끈한 동반자일지니 문득 18년째 내 곁에 묵묵히 버티고 있는 그를 위해 기도하고 싶다.

몇 년 전 「부부의 세계」라는 드라마가 큰 화제를 모으며 인기리에 방영된 바 있다. 남부럽지 않은 성공한 인생을 살던 한 전문직 중년 여성이 남편의 외도로 인해 결혼생활의 파국을 맞는 내용으로 당시 기록적인 시청률을 달성했고, 그 열광하던 시청자 중엔 나도 있었다. 얼핏 보면 불륜과 치정을 소재로 한 그렇고 그런 '막장 드라마'와 별 다를 바 없어 보였지만, 주인공이 겪는 분노와 집착, 배신감과 허무함 등 다층적인 감정을 섬세하게 묘사해 큰 울림을 주었다. 부부관계에서 무너져 버린 신뢰가 한 가정을 얼마나 황폐하게 하는지, 의심과 불신이 주는 파괴력을 체감하게 한 건 드라마의 또 다른 교훈(?)이라고도 할 수 있겠다.

성혼선언문 낭독, 성찬의 전례, 축가, 기념촬영까지 모든 순서가 끝났다. 혼인성사 특성상 보통의 예식보다 조금 길어 40여 분 소요된 듯하다. 이 40여 분을 위해 신랑신부는 몇 개월간 눈코 뜰 새 없이 바빴을 것이다. 식장을 정하고, 신혼집을 구하고, 혼수를 준비하고, 일명 '스드메(스튜디오, 드레스, 메이크업)'를 예약하고, 피로연 음식, 주례를 모시는 것까지 상의하고 결정할 일이 얼마나 많았겠는가. 이 과정에서 의견 차를 좁히지 못해 시쳇말로 '파투(破鬪)'가 나는 경우도 심심찮게 듣고 보아왔으니, 일단 여기까지 무사히 온 것만으로도 잘했다고 두 사람의 어깨를 두드려 주고 싶다.

자, 40분간의 혼례성사가 끝났으니, 이제 백년해로를 향한 본 게임의 시작이다. 젊은 그대들이여 기대하시라! 100년의 결혼생활은 결혼식 준비와는 차원이 다른 스릴과 서스펜스의 연속일 것이니…. 사촌언니로서가 아닌 18년 차 결혼 선배로 나는 바랄 뿐이다. 그대들의 '부부의 세계'가 모쪼록 이해와 감동으로 충만하기를. 그리고 잊지 말지어다. 부부의 세계는 예술영화도, 혹은 막장 드라마도 될 수도 있다는 것을. 모든 것은 그대, 두 주연 배우에게 달려 있다.

2022.『여울문학회』 앤솔로지 Vo.24

인간에 대한 예의

스마트폰 앱을 통해 중고물품을 사고 파는 것이 일상이 된 요즘이다. 오늘의 거래 물품은 '올스테인리스 주방 가위'. 신혼 때 선물 받았는데 여태 안 썼으니 앞으로도 쓸 일이 없을 것 같아 처분하기로 마음먹었다. 거의 20년쯤 된 물건인데도, '쌍둥이' 마크가 그려진 독일산에 보관상태 좋은 미사용 제품이라 그런지 올리자마자 구매하겠다는 채팅창이 쏟아진다. 너무 저렴하게 내놓았나? 잠시 후회가 됐지만 한번 내놓은 매물은 거두지 않는 법.

맨 처음 도착한 채팅창에 답변을 남겨 거래 약속을 잡았다. 하지만, 기대와 달리 고객님(!)께서는 가타부타 연락도 없이 십여 분째 모습을 드러내지 않고 있다. 자차로 오신다 하여 우리집 앞에 주차하시라고 미리 주소까지 알려드려 나는 주차장에 어색하게 서 있는 상황이었다. 약속시간을 훌쩍 지나 나타나신 고객께선 인사는커녕 차에서 내리지도 않는다. 운전석에서 창문만 '지-잉' 하고 내리더니 주방 가위를 받아 이리저리 뒤집어 보고는 건네는 첫마디는 "이거 좀만 더 빼줄 수 없을까? 한 일, 이천 원이라도?" 누가 봐도 나보다 형님뻘 연배는 되어 보이긴 했으나, 초면에 반말로 흥정을 하라고 나이를 먹는 것은 아니며 결정적으로 나이는 무기가 아니다.

순식간에 '호구'가 된 기분으로 몇 가지 가정을 해본다. 그녀가 정중하게 시간을 지키지 못했음을 사과했더라면, 아니 목례라도 했더라면, 아니 사과도 인사도 차치하고 그저 차에서 내리기만이라도 했더라면, 아니 다 떠나서 말끝에 '~요?'만 붙였더라면? 그 정도 에누리야 기분 좋게 해 줄 수도 있는 일이었으나, 안타깝게도 그녀는 이 모든 가정이 무색해지도록 상호예절의 기본을 저버림으로써 기회를 날리고 말았다.

한 공직후보자 아들의 학교폭력과 관련한 뉴스가 최근까지도 떠들썩하다. 후보자는 물론 낙마했고, 그 아들의 학폭과 강제 전학, 그 이후 조치에 각종 의혹이 제기되고 있는 가운데, 당시 고등학생이었던 이 아들이 피해 학생에게 했다는 욕설이 곱씹어볼수록 소름 끼친다. "제주도에서 온 빨갱이 돼지새끼"라니, 지역, 이념, 외모를 한방에 묶어 보내 버리는 이 무서운 편협함과 비뚤어진 우월감은 대체 어디서 온 것이란 말인가. 이 고교시절의 일을 통해 부모의 법 지식, 사회적 지위, 영향력은 자신의 고의적인 폭력까지도 유야무야 할 수 있고, 국내 최고의 국립대학도 탈 없이 진학할 수 있다는 것도 체득했을 것이다. 아이러니하게도, 그 '백 좋은' 아버지가 고위공직후보자로 임명되기 전까지는. 인간에 대한 예의를 망각한 이런 자들이 권력의 비호하에 사회 엘리트층으로 키워질 때 종국엔 어떤 괴물이 탄생하게 될 것인지 두려워진다.

며칠 전 지척에 살고 있는 여동생 집에 잠시 들렀다. 아파트 단지 입구를 통과하려는데, 왠지 평소와 공기가 조금 달랐다. 방문증을 발급하는 정문 초소의 경비 표정은 한껏 굳어 있고, 주차장에 모여 있는 검은 옷차림의 사람들 분위기도 심상치 않았다. 그러고 보니 방송사 카메라도 몇 대

보였다. 동생이 심란한 표정으로 전해준 얘기는 비극적이었다. 10여 년간 경비반장으로 봉직해 온 70대 경비원이 관리소장의 부당한 인사 조처와 인격 모독을 견디지 못해 떠난다는 유서를 남기고 전날 아파트 옥상에서 투신했다는….

사교육 1번지라는 대치동 한복판에서 벌어진 일이라 더 색안경을 끼고 보는 면이 없지 않지만 '갑질'과 관련되다 보니 대중이 주목할 만한 사건임은 분명해 보인다. 며칠째 기사가 쏟아져 나오고 있는 것을 보면 당분간 관심은 계속될 것이다. 이 죽음 너머에 있었을 위계와 권력에 의한 비인간적인 대우를 생각하면 안타까움과 분노가 동시에 일어난다. 70대 노인을 자신의 일터였던 아파트 옥상으로 오르게 만든 것은 결국 '인간에 대한 예의' 문제였으리라.

어지러운 마음으로 돌아와 집 앞 슈퍼에서 저녁장을 보고 들어가는 길이었다. 태권도장 셔틀버스에서 사내아이 한 명이 내려 다다다 아파트 입구로 뛰어 들어가는데, 양손의 장바구니 때문에 아이의 잰 발걸음을 따라잡을 리 만무했다. 그냥 다음 엘리베이터로 가야지 하며 서두르지도 않고 슬슬 올라가 보니 어라? 아이가 열림 버튼을 누르고 나를 기다리고 있었다. 깜짝 놀라 고맙다며 얼른 타니 꾸벅 하고 인사를 한다. 그제서야 나도 아이를 찬찬히 본다. 예닐곱

살쯤 되었을까? 처음 보는 얼굴이다. “몇 층 가세요?” 양손에 짐을 든 나 대신 버튼도 눌러 주려나 보다. 까치발을 하며 거의 맨 꼭대기인 우리 층 버튼을 누른 아이는 금세 또 꾸벅 인사를 하고 내리더니 복도를 달려간다.

깃털같이 가벼운 아이의 뒷모습을 보니 “내가 정말 알아야 할 모든 것을 유치원에서 배웠다”는 로버트 풀검의 말이 자연스럽게 떠오른다. 선과 악, 바른 것과 그른 것, 참과 거짓. 우리는 모두 정답을 알고 있다. 어떻게 살아야 하고 무엇을 해야 하는지는 이미 저 어린아이도 알고 있다. 모든 것은 선택의 문제일 뿐. 나이가 든다는 건 ‘아는 것’과 ‘아는 대로 사는 것’ 사이에 이만큼의 괴리가 생긴다는 사실을 깨닫는 과정일까. 그래도 나에게 ‘인간에 대한 예의’를 갖춰 준 저 아이 덕분에 뒤숭숭했던 하루가 제법 말끔해졌다.

그리고 갑자기 궁금해졌다. 며칠 전 우리집 앞에서 주방 가위를 사 갔던 그녀를 두고 속물 진상 손님 만났다고 내내 툴툴거리는 대신, 속없는 사람인 양 웃는 낯으로 헤어졌더라면 나는 좀 더 나은 인간이 된 것 같은 기분을 느꼈을는지.

2023. 『수필문학』 5월호

어느 국민차(車)를 위한 송사(送辭)

온라인뉴스 헤드라인을 무심히 훑어보다 한 경제면 기사에 눈길이 멈춘다. '37년 최장수 국민세단 쏘나타, 추억 속으로'라는 제호 하에 H사의 간판 세단 쏘나타가 단종 수순을 밟고 있다는 내용이었다. 1985년 '소나타'라는 이름으로 출시된 뒤 '소(牛)나 타는 차'라는 별명이 붙자 3개월 만에 '쏘나타'로 개명한 이래, 900만대 이상 팔린 명실상부한 국민차가 마흔 살을 목전에 두고 역사의 뒤안길로 사라진다니 씁쓸해지는 기분을 지울 수 없다.

쏘나타 하면 떠오르는 '중산층'의 이미지는 소득수준 향상과 인플레이션으로 인해 세월과 함께 희미해지고, 예전 쏘나타의 위상을 요즘은 그 형님격인 '그랜저'가 대신하고 있다니 그 어떤 명차라도 판매 부진 앞에선 배겨낼 재간이 없었을 테다. 영원할 것만 같았던 존재들이 하나둘씩 사라지는 이 헛헛한 기분을 어제오늘 느낀 것은 아니지만, 이렇게 노트북을 켜고 글을 쓰기 시작할 만큼 이 차의 단종에 감정이입이 되는 건 내 유년을 함께했던 차이기 때문인 듯하다.

우리집 쏘나타는 원래 아빠가 타고 다니시다가 엄마가 물려받게 된 사연이 있는 차다. 지금 생각해보면, 겁도 많고 운동신경도 그닥인 데다 국민학생부터 미취학까지 자식도 셋이나 되던 엄마가 1980년대에 운전면허를 취득한 건 실로 혁명적인 일이 아닐 수 없다. 나와 두 동생을 이모에게 맡기고 운전연수를 받으러 나가시던 엄마 뒷모습이 어렴풋이 기억난다. 훗날 무슨 계기로 그 정신 없었을 시절에 운전면허 딸 생각을 다 하셨느냐 여쭤보니, 엄마는 뜻밖에도 「주말의 명화」 이야기를 해주셨다.

제목도 기억나지 않는 외화였는데, 금발의 여주인공이 차를 몰고 곧게 뻗은 하이웨이를 달리는 영화 속 장면에서 엄마는 해방감과 희열을 느끼셨다고 했다. 그 자유를 누리기 위해선 일단 운전을 할 줄 알아야겠다는 생각에 미치자 지체 없이 운전면허학원에 등록부터 했다는 말씀에, 실행력 넘쳤을 30대의 엄마를 상상해 본다.

운전면허증이 엄마에게 얼마만큼의 자유를 허락했는지는 모르겠지만, 기동력을 갖추게 해 준 것은 확실하다. 각각 초, 중, 고등학생이었던 우리 삼 남매를 학교에서 학원으로 실어나르며, 때론 요리도 배우고, 때론 트렁크에 캐디백도 싣고, 때론 나의 외할아버지, 할머니를 뒷좌석에 모시고 도로를 누볐을 40대의 엄마. 그 시절을 함께 한 차가 바로 쏘나타였다. 내 결혼을 앞두고 엄마와 혼수용품을 보러 다닐 때도 이 차를 타고 다녔으니, 10년을 훌쩍 넘게 제 소임을 다해 주었다.

자식들이 장성해 하나둘 가정을 꾸려 둥지를 떠나고 부모님의 삶도 단조로워지면서, 더 이상 자가용을 두 대씩 유지할 필요가 없다며 오래 타던 두 분의 차를 처분하고 새 차 한 대를 장만해 함께 이용하시게 되었다. 잔고장 없기로 유명한 일본산 세단은 한 눈에도 안정감이 묻어나 처음 차량을 인도하는 날부터 온 가족에게 큰 만족감을 주었지만, 날이 갈수록 바깥 구경하는 날보다 주차장에 세워져 있는 날이 더 많아져 버리고 말았다.

어느새 '어르신 무료 교통카드'를 발급받게 된 부모님은 자가용보다 지하철에서 더 큰 자유를 느끼시는 듯하다. 네비게이션도 없이 목적지까지 잘도 찾아다니시던 엄마는, 이제 지하철 몇 번째 문에서 내려야 환승하기 편한지, 어느 방향으로 가야 엘리베이터와 가까운지 시시콜콜한 정보를 꿰고 있는 지하철 전문가가 되셨다. 친정에 가면 '문콕' 당할 염려 없는 가장 좋은 자리에 뽀얗게 먼지를 뒤집어쓰고 서 있는, 이제는 연식이 상당히 오래된 부모님 차를 볼 땐 마음이 쓸쓸해지기도 하지만…. 부모님이 건강한 두 다리로 서울 곳곳을 누비시는 것 자체가 큰 축복임은 잘 알고 있다.

엄마와 짧은 통화를 하던 끝에 쏘나타가 단종된다는 이야기를 꺼내니, 엄마는 오히려 나보다 담담하고 일면 시큰둥한 반응이다. 정작 쏘나타의 '오너 드라이버'였던 엄마는 별 감흥이 없으신 듯하다. 오래된 것이 그 자리를 내어주고 역사 속으로 사라지는 게 삶의 순리라고 생각하시는 것인지, 마음속 깊은 곳의 사정은 그저 짐작만 해 볼 따름이다. 어딘지 먹먹해지는 기분으로 전화를 끊고 나니 무심한 맏딸은 그제서야 '아차!' 싶다. 함께 점심이라도 드시자고 할 것을…. 내 자식 일이라면 차를 끌고 안 다니는 동네가 없으면서, 지근거리에 사시는 부모님을 뒷좌석에 모시고 집을 나선 건 언제였나? 다시 휴대폰을 들어본다.

오늘은 지하철 말고, 큰딸이 운전하는 차로 시원한 평양냉면 한 그릇 드시러 가자고 청해 봐야지. 식사하면서 오랜 시간 우리 가족의 든든한 발이 되어 주었던 하얀색 쏘나타 III에 얽힌 추억도 함께 나누어 봐야겠다.

2022.『여울문학회』 앤솔로지 Vol.24

내향인(內向人)의 운동일지

찌뿌드드한 몸을 일으켜본다. 잠을 잘못 잤는지 뒷덜미가 뻐근해 꾀를 좀 내고 싶지만 마음을 다잡고 운동복을 챙겨 입는다. 새벽부터 추적추적 내리고 있는 비는 운동을 하루 쉴 좋은 구실이 될 수 있겠지만, 날씨까지 따졌다간 집 밖을 나설 날은 손에 꼽을 정도일 테니 핑곗거리는 그만 찾기로 하고 운동화를 신는다.

태생이 몸치인 데다 스포츠를 즐기지 않는 나는 '생존'과 '사교'에 필요한 최소한의 운동만 익히며 살아왔다. 대학에 가면서 가장 신나는 일

중 하나가 체육시간이 없다는 것이었으니, 더 말해 무엇하랴. 형편없는 기록과 몸 개그에 가까운 실력 때문에 12년 공교육 기간 동안 받았던 스트레스와 굴욕에서 해방되는 기쁨이란…. 20대까지는 운동 따위 신경도 쓰지 않았고, 그저 주어진 젊음 하나에 기대어 제멋대로 살아도 문제가 되지 않았다.

하지만 어느덧 내일모레 오십을 바라보는 나이가 되고 늘어난 평균 수명만큼이나 '웰-에이징'이 화두로 떠오른 세상이니, 더 이상 운동을 외면할 수도 없는 노릇이다. 잠시만 긴장의 끈을 늦추면 콜레스테롤과 중성지방 수치가 치솟는 체질이라 그야말로 '살기 위해' 운동을 생활화해야 할 형편이 되었다.

아파트 게시판의 스포츠센터 광고지를 쭉 훑어보는데, 영 마뜩잖다. 낯도 가리는 데다 사람들과 친해지는 데엔 제법 시간이 걸리는 나로서는, 운동만으로도 힘든데 회원들과 친목까지 다져야 하는 분위기는 역시 좀 어렵다. 친목을 넘어 '텃세'까지 부린다는 에어로빅교실은 아예 문턱조차 넘은 적 없는 것도 같은 이유에서다.

수영은 엄마의 조기교육 덕에 실력도 과히 나쁘지 않은 편이나, 수영장 터줏대감들의 텃세가 샤워실에서부터 시작된다는 소문에 지레 겁먹고 멀어진 경우다. 수영장에 오래 다닌 순으로 출발해야 한다며 눈치 없는 신입회원을 밀친다거나, 일부러 느리게 가면서 발로 차기도 한다는 '도시 괴담' 같은 황당한 일이 실제로 언론에까지 등장하면서, 나의 거부감은 한층 더 견고해졌다.

그렇다면 앞으로의 건강한 반백 년을 위해 '반려운동'으로 삼을 종목은 무엇인가? 이런저런 핑계를 내세워 고민만 하던 중에, 집 근처 주민센터 위층 건강교실에서 주 3회 필라테스[2] 수업이 있다는 안내문을 보고 호기심에 시작한 것이 지난 봄이다. '필라테스'라고 하면 늘씬한 각선미를 소유한 '완성형 몸매'의 어린 처자들이 SNS에 우수한 신체 상태를 과시하기 위해 하는 운동쯤으로 생각했는데, 수업이 있다는 평일 오전 10시는 전통적으로 '아줌마'를 위한 시간대 아닌가! 덕분에 조금은 가벼운 마음으로 생소한 이 운동을 시작할 수 있었다.

수업은 거창한 기구나 복잡한 동작 없이, 밴드, 공, 매트 같은 소도구와 맨몸으로 진행된다. 모든 동작은 '코어(core)

2) 1차 세계대전 중 영국 포로수용소에서 근무하던 요제프 필라테스가 포로들의 운동 부족과 재활치료를 위해 침대와 매트리스 같은 간단한 기구만으로 할 수 있도록 고안한 운동

근육', 즉 세로축인 척추와 가로축인 복부, 허리, 골반부를 지탱하는 근육을 강화해 몸을 정렬시켜 중심을 바로잡고 전신을 움직여 신체의 각 부위를 바르게 사용하는 것을 목적으로 한다. 우렁찬 기합이나 구령은 없다. 심박수를 높이는 빠른 비트의 음악도 없다. 강사의 "(숨을) 마시고~", "내쉬고~" 하는 차분한 호흡 안내와 잔잔한 배경음악 속에서도 충분히 고강도의 근력운동을 할 수 있다는 건 신기한 경험이다. 안 쓰던 속근육을 사용하는 동작이 많아 초반엔 딱 죽을 것 같더니, 이것도 시간의 마법인지 몇 달이 지난 지금은 엇비슷하게 흉내 정도는 내고 있다.

예상대로 수강생은 40대가 대다수였고 의외로 6~70대 노년층도 몇 분 보였는데, 이분들의 운동능력이 너무 뛰어나서 놀랐던 적이 한두 번이 아니다. 부럽고 존경스러운 체력이 아닐 수 없다. 최고의 재태크는 '근(筋)테크'라는 말이 점점 더 실감나게 다가오는 요즘이다.

월요일, 수요일의 고행 같던 필라테스 수업이 지나면 금요일은 요가 수업으로 한 주를 마무리한다. 요가야말로 맨몸으로 하는 전신 근육 운동의 백미다. 움직이는 명상이라고도 불리는 '빈야사 요가'는 동작과 동작을 물 흐르듯 연결하며 전신을 골고루 쓰기 때문에 수업하다 언뜻 보면 열

댓 명의 수강생이 강사의 리드 아래 군무를 추고 있는 것 같을 때도 있다. 메뚜기 자세, 연꽃 자세, 코브라 자세 등 자연물에서 유래한 다양한 동작을 시도해 보지만 나는 보기 좋게 거의 대부분 실패한다. 그래도 하는 데까지 해보는 것이다. '전사(戰士) 자세'를 취하다가 동작을 바꿔 한 다리로 중심을 잡다 보면 냉방 중인 강의실에서도 굵은 땀방울이 바닥에 뚝뚝 떨어진다.

유연성, 근력, 균형감각 어느 모로 보나 우리 반 최하위권이 자명하지만 지금 이 순간 창피함 따위는 사치다. 그저 내 상태와 한계에 집중할 뿐이다. 사실 너무 힘들어서 다른 사람들이 얼마나 잘하는지, 나를 어떻게 쳐다볼지 신경 쓸 겨를도 없다고 하는 편이 맞겠다.

내가 가장 좋아하는 순간은 역시 맨 마지막, '사바아사나' 자세를 취할 때다. '시체 자세'라고도 하는데, 등을 대고 누워 온몸에 힘을 빼고 눈을 감고서 이완하는 것이다. 때맞춰 강사는 강의실의 조도를 낮추고 고요한 음악으로 바꾼다. 낮은 음성으로 "우리의 몸은 깃털처럼 가벼워집니다"라고 읊조리며 공기 중에 유칼립투스 오일을 뿌려준다.

고된 수련 후에 맞이하는 이 순간이 마치 꿈결 같은 나머지 광신도가 최면에 걸리면 이런 기분일까 하는 엉뚱한 생각마저 들 때도 있다. 이대로 죽음 같은 잠에 빠져들 수도 있을 것만 같다. 5분 남짓한 시간이 흐르면 의식을 깨워 다시 가부좌를 하고 앉아 합장하며 주위 수강생들과 목례를 나누고 수업은 끝이 난다. 내 자신에게 집중하면서 타인과 적정선을 유지하고 그 시선에서는 자유로울 수 있는 이 수업을 하면 할수록, 내향인인 나에게 가장 잘 맞는 교실을 기막히게 잘 찾아 들어온 듯하다.

모처럼 구(區)에서 운영하는 건강센터에 들러 체성분 분석검사를 해보기로 했다. 양말을 벗고 기계 위에 올라가는데, 이게 뭐라고 살짝 긴장이 된다. 결과지를 보는 마음은 마치 성적표를 받아들던 학창시절의 그것과 비슷하다. 한 달 전보다 체중이 늘어 처음엔 기가 막히고 힘이 쭉 빠졌는데, 세부 내역을 보니 체지방은 줄고 근육량이 늘어 결과적으론 신체지수가 상승해 있었다. 체중 1, 2kg이 느는 건 한순간이나, 근육량 100g 늘리는 게 얼마나 힘든지는 운동을 해본 사람만이 안다. 육안으로는 전혀 티도 나지 않지만, 내 몸의 중심(core) 어딘가에 단단한 근육이 조금이나마 자리 잡았을 거라 생각하니 뿌듯함이 밀려온다.

코어 근육이 중요한 것이 어디 몸뿐이랴. 작가 장강명은 '책을 읽지 않은 정신'을 '근력운동을 게을리 몸'에 비유한 바 있다. “독서 부족은 노년에 삶이 얄팍해지는 마음의 병을 일으킬 거라 믿는다“는 작가의 말에 동의한다. 몸과 정신의 균형 잡힌 ‘득근(得筋)’을 위해 매일의 삶에 충실하겠다고 다짐해 본다.

아직도 창밖엔 비가 내리고 있다. 한여름 비와는 완연히 달라졌음을 알 수 있다. 어느새 혼자 걷기 좋은 계절이 다가오는 것이다. 책장을 펼치기에도 더할 나위 없이 좋은 바로 그 계절 말이다.

2023. 9.

극장 앞 단상(斷想)

세상에, 부지런한 영화팬들이 이리도 많았던가? 오전 9시도 안 된 시각인데 이미 상영관 앞엔 조조영화를 즐기러 온 관객들이 긴 줄로 늘어서 있다. 목을 빼고 입구 사정을 살펴보니, QR 코드를 인식하고 체온도 측정하는 절차 때문에 입장이 더뎌지는 듯했다. 극장에서 영화를 볼 수 있다는 것만으로도 감지덕지한 상황이니 이 정도 번거로움이야 충분히 감수할 만하다. 휴대폰으로 모바일 티켓 바코드까지 찍고 나면 드디어 '매혹의 시네마 천국'으로 입장이다.

초단위로 변화하는 IT 기술은, 굳이 극장을 찾지 않아도 책상 위 컴퓨터나 거실 TV로 최신 영화를 볼 수 있는 환경을 만들어주었다. 세상에서 가장 편안한 차림과 자세로, 영화 티켓보다도 저렴한 가격에 집에서 영화를 본다는 것은 분명 매력적인 일이다. '넷플릭스'로 대표되는 OTT서비스 속 무궁무진한 콘텐츠들은 길고 지루한 집콕 생활에 위로가 되어주기도 했다.

하지만 '극장에 간다'는 행위에는 이 최첨단 기술로는 대체할 수 없는 많은 경험과 감정들이 포함되어 있다. 상영시각보다 조금 일찍 도착해 팝콘을 한가득 사 들고 영화 팸플릿을 한 장씩 훑어보는 것은, 어린 시절 아빠와 함께 극장에 다니던 때부터 시작된 일종의 '사전 의식'이었다. 어둑한 극장에서 더듬더듬 자리를 찾아가 앉아 약간의 흥분과 기대감 속에 일행과 노닥이다 드디어 불이 꺼지는 바로 그 순간! 그 어떤 방해도 받지 않고 오롯이 이 가상의 세계에 풍덩 빠질 수 있는 몰입감이야말로 역병의 시대에도 우리가 기꺼이 극장을 찾는 이유이다.

팬데믹으로 인한 몇 번의 개봉 연기 끝에 드디어 새로운 007시리즈가 전 세계에 공개된다는 기사를 접하고, '아 극장에서 그 매력적인 대사를 듣는 순간이 다시 왔구나' 하는 생각에 짜릿함 마저 느꼈다. “My name is Bond, James Bond.” 장르를 불문하고 역사상 가장 매력적인 첩보요원으로 꼽히는 주인공이 자신의 이름을 낮게 읊조리는 이 순간만큼은 꼭 영화관에서 즐기고 싶었다. 게다가 관람 등급이 12세 이상이니, 고맙게도 이번 007은 온 가족이 함께 볼 수 있는 것이다.

본인 관심사와 관련된 것이 아니면 세상일에 심드렁한 사춘기 소년도 007이라는 마성의 코드명 앞에선 흥미를 보인다. 사실 중학생 아이와 극장에서 함께 볼만한 영화가 그리 많지 않은 게 현실이다. 스스로 ‘다 컸다’고 생각하는 아이는 전체관람가 영화는 ‘애들용’이라고 무시하고, 조금만 현학적이거나 교조적인 분위기가 흘러도 ‘꼰대 영화’라고 외면하기 일쑤니 말이다. 이렇게 적당한 수위의 작품이 개봉할 땐 영화관에 대고 절이라도 하고 싶은 심정이다.

제임스 본드가 관객을 향해 권총을 발사하며 본격적인 영화의 시작을 알릴 때 흐르는 저 유명한 전자기타 음을 남편, 아이와 나란히 앉아 듣고 있자니, 영화 구경이 참으로 특별한 일이었던 어린 시절의 감정들이 되살아난다. 「E.T」, 「인디아나 존스」, 「백 투 더 퓨처」 같은 할리우드 오락영화를 보기 위해 온 가족이 집을 나서던 유년의 그 설렘을 지금도 생생하게 기억한다. 「아마데우스」, 「늑대와 함께 춤을」, 「레인맨」과 같은 아카데미 작품상 수상작은 예매조차 힘들어서, 아버지가 먼저 극장으로 출발해 몇 시간씩 줄을 서서 티켓을 구해 오시곤 했다. 뉴스에서만 보던 '암표 장수'를 실제로 맞닥뜨렸던 영화관은 '단성사'였던가? 그 당황스럽던 순간마저 아련한 추억이 되었다.

이제 휴대폰 클릭 몇 번이면 간편하게 예매가 가능하고, 극장 티켓과 함께 소중히 스크랩까지 했던 팸플릿 속 정보는 생생한 고화질 동영상으로 만나볼 수 있는 세상이지만, 극장에 간다는 것은 역시 일상에서 벗어나는 특별함으로 다가온다. 누군가와 함께 영화를 보러 간다는 것은, 그저 "영화를 전문적으로 상영하는 공간에 가서 직접 영화를 본다"는 활자 그대로의 의미가 아니다. 개봉작 리스트를 함께 둘러보며 영화를 고르고, 동시간대에 한 공간에서 함께 관람하고, 또 영화가 끝난 후의 감상을 교류하는 것. 이 모든 것이 포함되는 매우 개인적이면서도 사회적인 경험이니 말이다.

화려한 오프닝에 넋을 잃고 보던 아이가 영화의 주제곡 「노 타임 투 다이」를 부른 여성이 당대 최고의 영국 팝가수 '빌리 아이리시'라며 아는 체를 했다. 최신 무기를 장착

한 애스턴 마틴社의 멋진 스포츠카는, 골수 007 팬인 우리 부부뿐 아니라 이 시리즈를 처음 접하는 10대 소년의 시선을 사로잡기에 충분했다.

50대 나이에도 탄탄한 근육질 몸매를 자랑하며 맨몸으로 거친 액션을 소화해내는 제임스 본드역의 배우 다니엘 크레이그가 무척이나 인상적이었는지, 영화가 끝난 후에도 이 근사한 주연배우에 대한 찬사가 끝이 없다. 영화에 등장했던 이탈리아 남부도시 마테라의 그림 같은 풍광도 재차 언급하며, 언젠간 그곳에 꼭 한번 다녀오자고 다짐을 받기도 했다. 근래 한 가지 소재를 가지고 이토록 많은 이야기가 오고 간 적이 있었던가? 여러모로 뿌듯해지는 극장 나들이다.

지난 15년간 최장수 제임스 본드로 사랑받아온 다니엘 크레이그가 이 작품을 끝으로 시리즈를 떠난다는 기사를 읽다보니, 얼른 부모님을 위해 이 영화를 예매해드려야겠다는 생각이 든다. "뭐니뭐니해도 역대 최고의 제임스 본드는 숀 코너리이고, 시리즈 중 최고는 007 위기일발(from Russia with love)"이라고 늘 말씀하시는 아버지의 감상을 들어보고 싶다. 거의 190cm에 육박했던 숀 코너리에 비하면 확연한 단신인 데다 전례 없는 금발인 이 21세기 제임스 본드에 대해선 뭐라고 평하실지도 궁금해진다. 그리고 3대가 모인 자리에서 60여 년을 이어온 이 위대한 시리즈에 대해 다시 한번 이야기꽃을 피워보리라.

러시아의 거장 안드레이 타르코프스키 감독은 저서 『봉인된 시간』을 통해 "인간은 잃어버린 시간, 놓쳐버린 시간, 아직 성취하지 못한 시간 때문에 영화관에 간다."고 이야기한 바 있다. 어려운 영화 이론이나 기법, 심오한 영화 사조 따위엔 관심도 없고 잘 알지도 못하는, 그저 평범한 한 명의 관객인 나는 극장에 가는 이유를 감히 이렇게 말해보련다. "은막을 마주한 이 시공간 안에서 당신과 같은 기억을 공유하기 위해서"라고.

2021. 『여울문학회』 앤솔로지 Vol.23

어떤 감자칩에 대한 고찰

"고객님 성원에 전량 판매되었습니다. 빠른 시일 내에 다시 준비하겠습니다." 오늘도 헛걸음이다. 이젠 놀랍지도 않은 대형마트의 낯익은 품절 안내문이 매대를 대신 채우고 있다. 모 제과회사에서 작년 여름 선보인 이래 SNS와 입소문을 타고 선풍적인 인기를 끌고 있는 한 감자칩 이야기다. 생산 공장을 풀가동해도 그 수요를 감당할 수 없어 어딜 가나 품귀현상을 빚고 있다 하니 유례가 없는 진기한 일이긴 하다.

"대형 매장이 아닌 소규모 동네 슈퍼를 공략하

라"는 구매 성공기부터, "먹으려고 샀다가 다섯 개만 맛보고 중고로 내놓는다"는 한 중고거래 사이트의 어이없는 판매 글까지 출시 1년이 넘은 지금까지 여전히 이 감자칩은 이슈의 중심에 있다. 돈이 있어도 못 사 먹는, 말 그대로 '그림의 떡' 같은 존재다. 출시 첫해 매출이 800억 원이 넘는다니, 그야말로 스낵 시장의 판도를 바꾸는 전무후무한 기록이다.

'못 먹어 본 사람은 있어도, 한 번만 먹은 사람은 없다'는 말이 돌 정도로 중독성 강한 맛이라니. 그래 봐야 한낱 과자에 지나지 않는 것을, 속속 지인들의 SNS에 올라오는 인증샷을 보며 '이러다 이거 나만 못 먹는 거 아냐?' 하는 생각에 몸이 달 지경이다. 어쩐지 나만 트렌드에 뒤처지고 있다는 생각에 조바심이 난다. 남들 하는 건 다 해봐야 하는 얕은 욕심 때문이라는 걸 잘 알면서도 그 마음을 주체하지 못하고 있는 스스로가 꼭 어린애 같다. 인기 절정의 이 과자를 다른 상품에 끼워 팔기까지 한다는 걸 보면 제과회사 농간에 놀아나는 것 같지만, 그래도 '유행에서 뒤지고 싶지 않다'는 욕구는 그것을 뛰어 넘은 지 오래다.

마트를 전전하기를 몇 달째. 이 귀한 과자를 손에 넣는 기회는 생각지도 않게 갑자기 찾아왔다. 우유를 사러 들른

집 앞 편의점 사장님이 낮은 목소리로 “버터칩 하나 챙겨드릴까요?” 하고 물어오는 것이었다. 마치 접선이라도 하는 스파이처럼. 말귀를 한 번에 못 알아듣고 머뭇대자 사장님이 설명하길, 오늘 새벽 두 시경 물류 트럭이 들어오는데 바로 그 차에 문제의 그 감자칩이 ‘딱 한 상자’ 실려 온다는 것이다. 워낙 입고 물량도 적은 마당에 이 물건을 매대에 진열했다가는 서로 사겠다고 덤벼들다 사고가 날 수도 있고 한 명이 사재기를 할 수도 있어서, 내놓지는 못하고 계산대 옆에 따로 빼놓곤 나 같은 단골에게 이런 식으로 특별판매(!)를 한다고 했다. 일순 이 편의점의 VIP로 격상되는 감개무량한 순간이었다. 드디어 나도 인증샷 한번 찍어보겠구나, 쾌재를 부르며 하나 챙겨 주십사 부탁을 해두고 돌아왔다.

다음 날 아침, 다시 들른 편의점에서 드디어 이 과자를 손에 넣었다. 게다가 한 봉지도 아닌 세 봉지씩이나! 물량이 달린다면서 대체 이런 행사는 왜 하는 건지 어이가 없었지만, 두 개 가격에 세 개를 증정하는 이벤트 중이란다. 이 역시 절대 놓치면 안 될 기회 같아 과자 세 봉지를 소중히 품에 안고 돌아왔다. 평소 같으면 아이가 학교에서 돌아올 때까지 기다렸다가 함께 맛을 보았을 테지만, 수중에

세 봉지나 있겠다, 호기심과 흥분은 최고조에 이르렀으니 이것저것 따질 때가 아니다.

기대에 부푼 마음으로 과자 봉지를 열어본다. 빵빵했던 봉지 안에 정작 과자는 얼마 되지 않는다. 생김새는 그간 먹어온 감자칩과 별반 차이가 없다. 그렇다면 맛은? 경천동지할 맛을 기대하며 한입 가득 넣은 과자는 허무하게도 생각보다 평범했다. 보통 감자칩은 짭짤하게 소금간을 하는 게 일반적인데, 꿀과 버터로 양념을 해서인지 달달하면서 분유 같은 맛도 난다. 의외의 맛이긴 했지만, '천상의 맛' 운운하며 호들갑 떨 정도는 아니다. 경험해보지 못한 것에 대한 기대와 남들은 다 먹어봤을 것만 같은 부러움이 결합해 그동안 혼자 상상의 나래를 펼쳐온 것에 비하면 그다지 특별한 것 없는 맛이었다.

어찌 보면 세상만사가 이 감자칩 같은 것인지도 모른다. 손에 넣지 못한 것들에 대한 욕심, 가지 못한 길에 대한 미련, 누리지 못한 모든 것들에 대한 욕망은 끝이 없다. 정작 그 실체를 알고 나면 별일도 아닌 것을. 인간은 끊임없이 갈구하고 갈망하는 존재이기에 살다 보면 웃지 못할 일도 생기곤 하는 것이다.

하루 일과를 마친 시간, 퇴근한 남편과 마주앉아 맥주 한

캔과 함께 또 한 봉지를 뜯는다. 세련되고 이국적인 포장 디자인이 눈에 들어온다. 이 과자를 맛보기 위해 눈에 불을 켜고 마트를 뒤지고 다녔던 내 모습을 생각하니 실소가 나온다. 이 '핫'한 과자를 얻은 것은 결국 부지런함도, 정보력도 아닌, 집 앞 편의점 사장님 '백' 덕분이었다니.

우리나라에선 인기 과자마저도 연줄 없이는 누릴 수 없는 것인가? '12시간 숙성 발효된 프랑스 고메 버터'에 '국내산 아카시아 꿀'까지 뿌렸다는 이 고귀한 과자는, 어찌된 일인지 뒤끝이 쓰다.

2015.『수필문학추천작가회』연간사화집 25호

꽃길만 걷자

‘전설’이 ‘현실’로 되는 순간

잠실 종합운동장을 가득 메운 인파가 뿜어내는 열기가 대단한 밤이다. 예년보다 기온도 높은 데다 비 오기 직전의 후텁지근한 습도까지 더해져 잠실벌을 뜨겁게 달구고 있다. 4만 관중이 한껏 들떠 이곳에 모인 이유는 오직 하나. 비틀즈를 이끌었던 살아있는 팝의 전설 폴 매카트니의 역사적인 첫 내한공연을 직접 눈으로 보기 위해서다. 비틀즈는 전성기부터 근래까지 일본은 수도 없이 방문했으면서 한국은 불가사의하달 만큼 단 한 번을 찾지 않았던 그가, 드디어 칠순을 넘겨

데뷔 50여 년 만에 공연하게 되었으니 우리 부부를 비롯한 국내 팬들에겐 국경일만큼이나 기쁜 날인 것이다.

사실 그의 내한은 지난해 한 차례 취소되는 곡절을 겪었다. 바이러스성 염증에 따른 건강 악화로 급작스럽게 공연이 취소되는 상황을 맞으며 과연 생전에 그를 한국 땅에서 볼 수 있을지 막막해지는 심정이었고, 이번 역시 무대에 서기 직전까지도 공연이 정상적으로 열리게 될지 가슴을 졸였다. 하지만 이 모든 것이 기우였음을 증명하듯, 그는 기타를 둘러메고 건재한 모습으로 무대에 올랐다.

거의 3시간 동안 논스톱으로 노래하는 파워와 열정은 경이로움 그 자체였다. 기타, 베이스, 피아노를 오가며 쉬지 않고 현란하게 연주하는 그와 함께 「Let It Be」를 부르고 있노라니, 지금 이 순간이 꿈결처럼 느껴지기도 했다. 그는 먼지를 뒤집어쓴 음반 속에 화석처럼 박제된 전설이 아니라, 생생하게 살아 숨 쉬는 현실이 되어 지금 내 눈앞에 서 있다. 그의 전성기는 바로 '지금 이 순간'이라고 해도 좋을 만큼 72세의 노장은 전혀 녹슬지 않은 실력과 넘치는 에너지로 무대를 장악했다.

중간부터는 본격적으로 비가 내려 우중(雨中) 공연이 되었다. 축축한 느낌이 싫어 비 오는 날엔 외출조차 꺼리는 내가, 그라운드를 적시는 이 봄비에 취한 듯 매료되어 있으니 이 역시 그가 만들어낸 기적이다. 조금 한기가 느껴져 따뜻한 커피를 사러 객석을 잠시 빠져나오자, 이제야 관객들의 면면이 눈에 들어온다.

원조 비틀즈 팬이었을 6~70대는 물론이고, 2~30대 연인들, 부모와 함께 온 10대들까지 온 세대가 어우러져 그의 음악을 만끽하는 모습은 아름다웠다. 주최 측에서 나눠준 우비를 주섬주섬 꺼내 입는 관객들 표정에선 성가심이나 낭패감 따위는 읽을 수 없었다. 나 역시 생각지도 못한 이벤트처럼 내리는 빗속에서 오히려 축제 분위기를 느낄 뿐이었다. 음악, 봄비, 커피, 열기…. 이 모든 것들이 낭만과 행복감으로 밀려온다.

폴 메카트니는 세 번 결혼했다. 그중 첫 아내였던 린다 메카트니에 대한 절절한 사랑은 잘 알려져 있다. 슬하에 삼 남매를 남겨두고 십여 년 전 암으로 세상을 뜨기 전까지 그녀는 폴의 작품에 영감을 불어넣는 뮤즈이자 지원을 아끼지 않는 조력자였다. 물론 현재의 아내와도 행복한 결혼생활 중이지만, 그의 음악세계에 지대한 영향을 미쳤던 린다가 여전히 그의 곁을 지키고 있었더라면 어땠을까 하는 발칙한 생각도 해본다. 공연 중간 그녀에게 바치는 곡으로

「Maybe I'm Amazed」를 부르는 순간엔 회한이랄까, 짙은 페이소스가 느껴지면서 내 곁에서 이 순간을 공유하고 있는 남편의 존재도 새삼 특별하게 다가오기도 했다.

50년 전 팝송을 성별과 세대를 초월해 수만 관중이 입을 모아 함께 부르고 있는 지금 이 순간은, 이미 그의 음악이 클래식의 경지에 올랐음을 증명하고 있다. 온 관객이 「Hey Jude」를 부를 때 내 볼을 타고 흐르던 것은 빗물인가, 눈물인가. 의미조차 알 수 없는 뜨거운 무언가가 마음속에 요동치며 목이 메어온다. 이 또한 영원한 전설로 남을 아름다운 봄밤이 깊어가고 있다.

2015.『여울문학회』 앤솔로지 Vol.17

아버지의 첫 개인전에 즈음하여

평생을 건축가로 살아오신 아버지가 은퇴 후 그림을 그리기 시작했을 땐 그리 놀랍지 않았다. 건축과 미술은 서로 영향을 주고받으며 맞닿아 있는 불가분의 분야이기도 하거니와, 어렸을 때부터 펜으로 도시와 건물을 쓱쓱 스케치하는 아버지를 자주 보아왔기 때문이다.

하지만 그림에 쏟는 열정과 노력의 깊이는 내 예상을 훨씬 뛰어넘는 것이었다. 고매한 취향 자랑용이나 품위 유지용, 혹은 단순한 시간 때우기용이 아닌, 마치 제2의 직업처럼 느껴질 정도였으니 말이다. 그림 자체를 사랑하고 즐기는 진실된 자세는 놀라움을 넘어 존경스럽기까지 했다.

노력과 열정에 창의적인 시도까지 더해져 아버지만의 독특한 작품세계가 생겨나지 않았나 싶다. 지난해 미국에 체류 중이었던 우리 가족을 만나기 위해 부모님이 몇 주간 다녀가신 적이 있다. 작은 물약병에 먹물을 담아오셨는데, 행여 비행기 안에서 기압차로 인해 새기라도 할까 비닐로 몇 겹을 포장해 오셔서는 여행 내내 보고 느낀 풍광을 화폭에 담기 시작하셨다. 거실 한쪽에 이젤을 세워 간이 작업실처럼 셋팅하고 그날 그날의 감흥을 그리다 보니, 한국에서 준비해오신 한지(韓紙)가 애초에 동이 나고 말았다.

'미국에서 한지를 사려면 대체 어딜 가야 하나'하고 고민을 하고 있는데, "여기에 그리면 되겠다"며 가져오신 것은 다름 아닌 화장실에 비치된 종이타월이었다. 공중화장실 세면대에서 손 닦은 뒤 물기 제거하라고 갖다 놓은 그 '손 휴지' 말이다. 궁여지책으로 마련한 종이타월은 한 번도 느껴보지 못했던 새로운 질감을 경험하게 해주었고, 신이 나신 아버지는 더욱 멋진 풍경을 담아내셨다. 그림을, 그것도 한국화를 '휴지'에 그린다는 건 상상도 못 해 본 일인데, 아버지의 남다른 시도가 아주 근사한 결과물을 창조해 낸 것이다.

샌프란시스코
07' 24 APR

샌프란시스코 40×26cm 종이타월에 수묵담채

이런 과감한 발상의 전환이야말로 아버지 작품활동의 원동력이라 생각한다.

어떤 대회에서 얼마나 큰 상을 받았는가를 따지는 건 다소 속물적인 잣대일 수 있겠지만, 어쨌든 그런 기회를 통해 아버지의 노력과 재능을 인정받을 수 있다는 것은 자식 된 입장에서 기쁘고 감사한 일이 아닐 수 없다. 그간 아버지가 이뤄 오신 크고 작은 성취에 응원과 존경의 마음을 보낸다.

이른 아침, 작업실로 나서는 아버지 뒷모습에선 경쾌한 에너지가 느껴진다. 때론 붓질을 하는 손끝에서 신성한 의식을 행하는 것 같은 경건함이 묻어나올 때도 있다. 이 모든 것이 삶을 더 긍정적인 방향으로 이끄는 활력이 아니고 무엇이랴. 첫 개인전을 앞둔 아버지 본인만큼이야 하겠냐마는, 나 역시 설레고, 떨리고, 기대되는 마음으로 그날을 기다려본다.

2018. 野峴 최태용 개인전 기념 도록(圖錄)

집구석 생산성에 대하여

배달기사가 밤새 현관 앞에 갖다 놓은 새벽배송 택배를 집 안에 들여놓는 것으로 하루를 시작한다. 달걀, 우유, 두부, 두루마리 휴지 같은 자잘한 식료품과 생필품을 내가 필요로 하는 시간에 문 앞까지 가져다주는 이런 서비스가 생활화되지 않았다면 이 시기를 어찌 견뎠을지 상상조차 하기 힘들다. 집 밖 출입을 삼가며 자발적 격리 생활을 한지 어언 반 년째. 두문불출하던 사이 계절도 두 번 바뀌었다.

소소한 사교활동과 간헐적 문화생활, 정기적인

운동과 약간의 쇼핑까지. 내 일상을 구성하던 활동들이 일시에 중단되면서, 집 안에 갇혀버린 전업주부에게 펼쳐진 건 끝도 없는 살림의 늪이었다. 살림의 맹점은, 안 하면 바로 표가 나지만 열심히 해도 딱히 티가 안 난다는 것이다. 단조롭고 단순해 누구나 할 수 있지만, 또 아무나 잘하기 힘든 것도 살림이다. 매일 청소해도 어디선가 날아와 쌓이는 먼지는 나를 무력하게 만든다.

공들여 차린 한 끼가 내 가족의 건강을 위한 보약이 될 거라 의미를 부여해보지만, 설거지 끝낸 지 한 시간도 안 되어 여전히 집에 갇혀 다음 끼니를 고민하며 또다시 식재료 준비-조리-식사-설거지의 쳇바퀴를 타자니 부아가 치민다. 도대체 왜 인간은 하루에 세 끼나 먹어야 하는가, 같은 하나마나한 잡생각만 맴돈다. 살림하는 데 쓰는 시간은 낭비 같고, 기꺼이 바친 나의 수고는 이제 대부분 무의미하게 느껴진다.

집에서 보내는 날이 길어지면서, 나의 몰골 또한 갈수록 가관이 되어갔다. 목 둘레가 늘어난 잠옷을 입고 일어나 어영부영 하루를 보내고 그 차림 그대로 잠자리에 드는 생활이 사람을 더욱 무기력하게 만들었다. 잠옷인데 고추장 좀 튀면 어떠랴 하며 그냥 되는 대로 하루를 지내다 보니, 어제가 오늘 같고 오늘이 내일 같은 권태로움만 가득하다.

아내, 엄마, 주부의 역할은 끝이 없지만, 내 하루의 시작과 끝을 구분 짓는 건 반드시 필요해 보였다. 이대로는 안 되겠다 하는 마음이 들었던 어느 날, 아침에 일어나 주방에 들어서며 일단 앞치마부터 맸다. 비록 나갈 수도 없고 만날 사람도 없지만 무너진 일상을 다시 일으켜 세울 무언가가 필요했고, 그 첫 시도가 '앞치마'가 된 셈이다. 잠옷 위에 앞치마가 다 무어냐 하는 귀차니즘이 다시 도질까 봐 얼른 잠옷을 벗고 편하지만 화사한 평상복으로 갈아입었다. 하루 종일 집에 있을지라도 화장도 했고, 마음이 내키는 날엔 머리 손질도 했다.

몇 달째 집구석을 지키다 보니, 손길 한 번 닿지 않은 채 자리만 차지하고 있는 잡동사니들이 눈에 들어온다. '집콕' 전에는 크게 눈에 거슬리지도 않았고 다른 시급한 일부터 하느라 우선순위에서 밀려 딱히 손댈 필요를 느끼지 못했던 것들이다. 한 번에 뒤집어 엎으려다간 제풀에 지쳐 중간에 그만두기 십상이니, '하루에 딱 한 칸만'이라는 스스로의 기준을 정해 마치 매일의 숙제처럼 조금씩 정리를 해나간다. 거실장, 서랍장, 옷장, 화장대, 책장의 '딱 한 칸씩' 찬찬히 정리하나 보니, 그동안 얼마나 많은 물건을 모시고 살았는지 스스로 한심할 지경이다.

집구석을 벗어나지 못하는 이 기회를 빌려 우리 집에서 효용가치를 잃은 물건을 솎아내 본다. 집콕 기간 동안 쑥 자란 아이의 작아진 옷과 신발, 더 이상 가지고 놀지 않는 장난감, 유행이 지난 옷과 안경테, 구형이 된 컴퓨터와 개수가 너무 많은 우산까지 싹 모아서 봉사단체에 기증을 하고 나니 후련함에 뿌듯함이 더한다. 그렇게 생겨난 여유 공간에 필요한 물건들만 착착 수납하며 제자리를 정해주고 나자, 갇혀 지내는 내내 답답하게만 느껴졌던 집구석이 어쩐지 훤해 보인다.

제법 생산적으로 보낸 긴 하루의 끝, 종일 작업복처럼 두르고 있던 앞치마를 벗는 공식적인 '퇴근' 시간이 되면, 예전엔 장식장에 모셔만 두던 와인잔을 꺼낸다. 집구석 생활 동안 깨달은 또 하나의 진리는, 아끼는 것일수록 자주 손길을 주어야 한다는 것이다. 이는 무의미한 물건으로 내 공간을 낭비하지 않는 것만큼이나 중요하다. 소중한 물건을 한 번이라도 더 사용하는 것이 그 물건의 생산성을 더해주는 일이니 말이다.

딱 마시기 좋은 온도로 칠링된 화이트 와인을 한잔 따라 식탁에 자리를 잡고 노트북을 켠다. 그리고 손 가는 대로 글을 쓰기 시작한다, 바로 지금처럼. 유럽에 흑사병이 창궐하던 16세기 말, 당시 조연급 배우였던 셰익스피어는 일거리가 끊기자 두문불출하며 리어왕과 맥베스를 완성했다는데…. 대문호의 위대한 업적에 비할 바는 아니나, 감히 바라본다. 역병의 시절에 쓴 이 글을 훗날 다시 읽을 때 부디 스스로에게 부끄럽지 않기를. 집구석을 지키던 날들을 가치 있게 보내기 위해 나름의 최선을 다했노라 기억되기를.

2020.『수필문학』8월호

향기로운(香) 항구(港)여, 안녕히

오늘이 내일 같고 내일이 오늘 같은 뻔한 일상에 활력을 불어넣기에 여행만 한 것이 또 있을까? 여행지에 가서 누리는 기쁨은 물론이요, 떠나기 전에는 계획하고 준비하는 설렘을, 다녀와서는 곱씹어 추억하는 즐거움까지 그때그때의 행복감을 선사해 주니 말이다.

긴 추석 연휴 덕에 홍콩에 살고 있는 여동생 집에 다녀왔다. 제부의 이직으로 동생 가족이 3년여의 홍콩생활을 마무리하고 올해 말에 귀국하게 된 것이 이번 방문의 계기가 되었다. 이번이

동생집에 머물 마지막 기회라는 생각에 아이와 함께 부랴부랴 홍콩행 비행기에 오르게 된 것이다. 이것으로 홍콩 동생집 방문은 3번째가 된다. 처음엔 동생의 임신 전이었고, 두 번째는 조카가 태어난 지 얼마 안 된 시기였다. 이번에 만난 조카는 제법 능숙하게 걸을 만큼 성장해있었다. 어디 자란 것이 조카뿐이랴. 그 사이 우리 모두에겐 크고 작은 변화가 있었고, 그 변화들이 발전적이고 긍정적이라는 것에 감사할 따름이다.

혈육이 거주하고 있는 덕분에 자주 찾게 되는 이곳에서, 나는 종종 '여행자'와 '생활자'의 중간자적인 존재감을 느끼곤 한다. 마치 고정코스처럼 다녔던 빅토리아피크나 스타의 거리 같은 붐비고 번잡한 주요 관광지는 더 이상 찾지 않는다. 대신 골목과 골목 사이의 독특한 풍경과 이곳 사람들의 면면에 더 눈길이 간다.

도로 하나를 사이에 두고 한쪽은 유행의 첨단을 달리는 명품매장과 세련된 금융센터가, 반대쪽 거리는 창밖에 빨래가 주렁주렁 널려 있는 오래된 아파트가 마주하고 있다. 공중회랑으로 연결된 화려한 쇼핑몰 바로 옆에, 무너질 것 같이 낡은 건물이 밀집한 재래시장이 붙어 있는 이 풍경은 낯선 매력을 신사한다. 동양과 서양, 전통과 현대, 과거와

미래, 빈과 부. 이질적인 개념이 공존하는 홍콩의 구석구석은 지나온 역사만큼이나 드라마틱하다.

홍콩의 습도가 최고치에 이르는 봄이면 가정집 벽지에선 물이 타고 흐를 정도로 습하고, 조금만 방심했다간 집 안 곳곳에 곰팡이가 피기 일쑤라고 했다. 이 높은 온도와 습도 때문에 온갖 벌레가 어디고, 아무 때고 출몰한다니 호텔에 그저 사나흘 묵고 가는 여행자들이라면 잘 몰랐을 사정이다.

휴일이면 시내 곳곳을 점령하는 필리핀 가정부들의 행렬 역시 홍콩의 이면을 보여주는 풍경이다. 입주 형태로 고용된 가정부들에게 일요일은 일주일에 단 하루 주어지는 사적인 시간. 그녀들은 집에서 간단한 주전부리를 싸 가지고 나와, 육교, 아케이드 등에 종이 상자를 돗자리처럼 깔고 앉아 하루를 보낸다고 한다. 동향의 친구들과 모여 소형 라디오를 켜놓고 음악에 맞춰 춤을 추는 모습에선 짙은 애잔함과 슬픔 같은 것이 느껴진다. 물론 이 또한 이방인인 나의 편견과 고정관념에서 비롯된 감정일지 모른다. 그들은 그저 나름대로의 해방감과 모처럼의 여유를 만끽하고 있는 중인지도….

여행자들에게 '홍콩' 하면, 미식의 도시, 쇼핑의 도시로

각인되어 화려한 이미지로 먼저 다가올 테지만, 막상 외국인이 갓난아기를 키우기에 이곳은 기후 면으로나, 시설 면으로나 그리 우호적인 곳은 아니다. 게다가 고양이 손도 아쉬울 시기에 가족과 떨어져 낯선 땅에서 '육아독립군'으로 갓난아이를 키우느라 고군분투했을 동생 부부에게 홍콩은 정말 다양한 의미로 기억될 것이다. 아파트 단지 내 야외수영장에 몸을 담그고 빼곡한 마천루 사이로 홍콩의 가을 하늘을 바라보며, 동생 가족이 이곳에서 3년을 보낼 동안 내게는 또 어떤 일들이 있었나 가만히 되짚어 본다.

4일간의 여정을 마치고 헤어지는 시간, 여느 때 같으면 서운하고 아쉬웠을 순간이지만 곧 한국에서 만난다는 생각에 우리는 기운이 넘쳤고 표정도 밝았다. 동생 가족이 있어 특별했던 이곳, 홍콩(香港). '향기로운 항구'라는 아름다운 이름을 가진 이 땅을 떠나며, 다시 찾아올 그날을 기약해 본다. 보다 나은 모습으로 조우할 수 있기를. 정든 곳, 그때까지 안녕히!

2015.『여울문학회』앤솔로지 Vol.17

정답을 고르시오

학년 초에 사서 책꽂이에 단정히 모셔만 놓은 것 같은 문제집을 훑어보니 한숨이 나온다. 중간고사가 3주 앞으로 다가왔건만 정작 시험 치를 당사자인 아들은 아무 긴장감이 없다. 잔소리라도 할라치면 "내가 다 알아서 한다"며 말도 못 꺼내게 하는 아이의 저 근거 없는 자신감에 내 속만 탈 뿐이다. 인생의 첫 내신시험을 겪고 스스로 깨우쳐 봐야 우리집 중2 녀석도 내적 동력을 얻을 것이니, 일단 아이말 대로 "그냥 두라"는 남편도 지금은 내 편이 아닌 것 같다.

오랜만에 문제집이란 걸 들여다보니 난이도별로, 학습목표별로 종류도 다양하게 너무 잘 나와 있고, 올 컬러 인쇄에 답안 쓰는 칸도 널찍널찍, 중간중간 쉬어가는 페이지까지 정말 공부할 맛이 절로 나게 만들어 놨다. 나처럼 '종이의 질과 서체 디자인'에 민감한 학생이 20여 년 전 이런 문제집으로 공부했더라면 수능점수가 기십 점은 더 높게 나왔을 거라는 엉뚱한 상상이 스쳐 지나간다. 이런 얘기까지 아이에게 했다간 "또 라떼 얘기!"라며 질색팔색을 할 것이 뻔하니, 오늘은 이쯤에서 아이 방문을 닫고 일보 후퇴다.

깨끗한 문제집을 보고 속을 끓이긴 했지만, 입장 바꿔 보면 나도 문제집과 관련해선 그리 좋을 일이 없었던 것도 사실이긴 하다. 정답을 고르는 '문제풀이'의 지난한 역사는 국민학교 때부터 시작됐는데, 특히 나를 괴롭힌 문제집은 『공문수학』이었다. 밀리지 않고 매일 서너 장씩 꾸준히 스스로 공부하는 습관을 들이는 게 이 학습지의 목적이었겠지만, 나는 주로 일주일에 한 번, 선생님 오시는 날 몰아서 풀었기 때문에 그닥 효과를 보지 못했다. 교재를 어딘가에 처박아 두고 선생님 오시는 시간에 놀러 나가 버려 엄마한테 엄청 혼난 일은 부지기수다. 나중에 공문수학이 일본의 「구몬수학」을 들여온 것뿐이라는 사실을 알고 깜짝 놀랐는데, 웬걸. 몇 년 전 미국 체류 당시 교육열 높은 캘리포니아 남부 도시에서 이 브랜드 학습지 사업이 성업 중인 걸 직접 목격하면서, 세대가 변하고 국경을 넘어도 엄마들의 인식은 변하질 않는다는 것에 두 번 놀란 적이 있다.

고등수학 교재의 최고봉은 뭐니뭐니해도 『수학의 정석』 시리즈로, 이 책이 처음 발행된 게 1960년대이니 그 당시도 이미 30년 가까이 된 문제집이었다. 경이로운 것은 우리 때도 끼고 다녔던 그 정석이 '기본수학의 정석'으로, 좀 더 어려운 심화단계는 '실력수학의 정석'으로 여전히 나오고 있다는 것이다. 정석을 몇 번 반복해서 풀었느냐가 수학 등급을 가른다는 말이 나올 정도였으니, 지긋지긋해도 놓을 수 없는 책이 바로 이 정석이었다. 문제집만 풀면 되던 그 시절, 그때는 정답 고르기만을 강요당한 그 시간이 너무나 지루하고 답답했다. '대학만 가 봐라' 벼르면서 정말 스무 살만 넘으면 근심도 걱정도 없을 거라 생각했던, 고민이 오직 그것뿐이었던 참으로 단순했던 그때가 문득 그립다.

정작 진짜 어려운 인생의 문제들은, 그토록 바라던 대학에 가고 성인이 되면서부터 접하게 되었다. 무엇이 정답인지, 답이 있기는 한 건지, 있다면 대체 몇 개인 건지도 모르겠던 혼란한 청춘을 지나 중년의 시간을 걷는 요즘, 과연 나는 지금까지 제대로 정답을 골라온 것인지 자문해 본다. 여기에 대한 명쾌한 답을 구하기 위해 또 얼마의 세월이 필요한 것일까? 죽을 때까지 해결해야 하는 문제들은 또 얼마나 많은 걸까? 가끔 답지 없는 두꺼운 문제집을 받아 든 것처럼 아득해지기도 하지만, 그래도 아직까지 풀이 과정이 완전히 잘못되진 않았다고 느낄 때가 더 많으니 그것으로 족하다.

사춘기를 지나고 있는 아이는, 사실은 인생에서 접할 수 있는 가장 쉽고 단순한 문제집을 풀고 있다는 걸 꿈에도 모를 것이다. 내가 그랬던 것처럼, 아이에게도 이 지루하고 답답한 시간이 그리워지는 때가 언젠가 오겠지. 해 주고 싶은 수많은 말은 일단 삼켜본다. 좌절과 성취를 통해 스스로 투지와 용기, 그리고 지혜를 터득하기만을 응원할 수밖에. 중간고사 성적이 얼마나 화려할지 걱정이 앞서는 게 솔직한 엄마 심정이지만….

2022. 4.

꽃길만 걷자

아직 동이 트지 않은 새벽, 아침밥도 한 술 못 뜬 공복이지만 기차 타러 가는 발걸음은 가볍다. 남편, 아이와 함께 모처럼 짬을 내어 군항의 도시 '진해'로 향하고 있다. 결혼 직후 당시 남편의 군 복무지였던 진해로 향하던 길은 갓 시집온 새댁의 기대감과 흥분으로 가득했었다. 지나온 세월만큼의 나이를 먹고, 그때는 없었던 열한 살짜리 아들과 함께 다시 그곳으로 향하는 지금은 설렘과 아련함, 애틋함이 뒤섞인 다양한 감정의 한가운데에 있다.

2년 반의 군 복무를 마치고 다시 서울로 생활 터전을 옮기던 당시엔 마음만 먹으면 이곳에 어렵지 않게 올 수 있으리라 생각했는데, 다시 찾아오는 데 14년이나 걸렸다. 마침 군항제 기간에 방문하게 되었으니 감회는 더욱 새롭다. 이미 며칠 전부터 각 일간지엔 군항제를 앞두고 진해에 벚꽃이 피었음을 알리는 기사가 소개되기 시작했다. '개화' 자체가 전국발(發) 단독 뉴스가 되는 참으로 귀한 꽃이다. 사실 군항제 기간에 딱 맞추어 벚꽃이 피는 게 쉬운 일이 아니다. 실제로 결혼 이듬해 진해를 방문하셨던 양가 부모님들은, 이상 기온 때문에 개화가 더뎌져 아직 몽우리만 맺힌 벚나무만 보고 상경하셨던 기억이 난다. 올해는 군항제 개막일에 맞춰 꽃망울을 터뜨려준 벚꽃 덕분에 상춘객들의 표정은 행복감으로 충만하다. 우리 가족 역시 팝콘처럼 피어 있는 왕벚나무 사이에서 쉽게 볼 수 없는 황홀한 풍경에 취해 있다.

우리가 떠나있는 동안 '경상남도 진해시'는 도청소재지인 창원시에 편입되어 행정구역상 '경남 창원시 진해구'가 되었다. 아들에게 엄마 아빠가 신혼생활 했던 곳을 보여주고 싶어서 우리가 살았던 해군 장교용 관사를 찾아가 보니, 낡고 허름했던 저층 아파트는 오간 데 없고 그 자리에 유명

브랜드아파트가 들어서 있었다. 우리가 살던 당시 이미 증축된 지 30년을 훌쩍 넘긴 낙후한 시설이었으니 그사이 재건축된 것도 무리가 아니다. 정말 좁고, 춥고, 지저분했던 숙소였는데, 그래도 다시 찾아보고 싶은 마음이 생긴 것은 우리의 신혼시절을 보낸 장소였기 때문이리라.

아파트는 새로 지어졌어도, 내가 국거리며 카레용 고기를 사러 자주 다녔던 집 앞 정육점과 가끔 쌀가루를 빻으러 다녔던 방앗간은 그대로였다. '복개천'이라고 불리던 먹자골목으로 걸어 가보니 단골이었던 노래방도 자리를 지키고 있다. 화교가 운영하는 맛집이었던 중국음식점은 원래 우리집 근처였는데, 그새 사세를 확장해 진해 시내 번듯한 건물에 자리를 잡고 있다. 마침 저녁 시간이라 식사도 할 겸 들어가 보니 10여 년 전 근무하던 직원들 얼굴이 너무나 낯이 익어 놀라울 정도다. 주문한 오향장육 또한 그때의 맛 그대로라 새록새록 추억 여행에 재미 하나를 더해 준다.

2년 남짓한 미국 생활을 마치고 2월 중순 칼바람 속에 이민 가방을 이고 지고 귀국한 이후, 다시 한국 생활을 정비하느라 눈코 뜰 새 없이 바쁜 날들이었다. 겨울도 봄날 같던 샌디에이고에 있다가 돌아오니 살을 에는 추위 또한 괴로움 중 하나였다. 나야 짐 정리, 아이 학교 재입학 수속

등 몸으로 뛰는 일이 대부분이지만, 여유로웠던 미국 생활에 비하면 전쟁터와 다름없는 직장과 학교로 복귀해 적응해야 하는 남편과 아이의 피로도는 나의 그것에 비할 바가 아니었을 것이다.

봄이 되면서부터는 심각한 미세먼지가 짜증을 더했다. 덥지도 춥지도 않아 '바람이 달콤해지는' 게 바로 딱 이즈음인데…. 이 축복받은 계절에 창문을 꼭꼭 닫고 답답한 마스크를 필수품처럼 쓰고 다니려니, 당연히 누려 마땅한 소중한 걸 빼앗긴 듯한 억울함이 올라오면서 쾌적한 캘리포니아의 봄 날씨가 생각나 공연히 심술까지 나는 것이었다. 게다가 한국은 초등학생들마저 어찌나 바쁜지, 귀국하자마자 학교보다 먼저 시작된 학원 스케줄에 나도 아이도 정신이 쏙 빠진 상황이었다.

1박 2일간의 주말여행도 쉽게 짬을 내기 힘든 와중이었지만, 한숨 돌리고 가자 싶어 큰맘 먹고 진해로 향했고 이 계획은 소기의 목적을 달성한 것 같다. 축제는 사람을 여유롭게 만들고, 화려하진 않지만, 옛 추억이 가득한 이 도시는 마음을 촉촉하게 해 준다. 수많은 인파와 교통체증 속에서도 그닥 짜증스럽지 않다. 사람보다도 더 많은, 빼곡하게 핀 벚꽃들은 정신없었던 지난 몇 주간에 대한 보상 같다.

반복적인 일상에서 벗어나 봄 정취에 흠뻑 빠져보니 그동안 왜 그리 조급하게 달려왔나 싶다. 시간이 지나면 모두 추억이 되는 것을. 바람이 불자 벚꽃잎이 하늘하늘 날려 마치 꽃비가 내리는 것 같은 장관을 이룬다. 이 순간이 내 옆의 두 사람에게도 그간의 고단함에 대한 위로가 되기를 바라본다. 굽이굽이 인생길에서 한숨 쉬어가는 오늘의 이 여유와 지혜를 잊지 말기를. 우리, 꽃길만 걷자.

2018. 『여울문학회』 앤솔로지 Vol.20

깊은 주제를 경쾌한 문장에 담아낸 수필

오경자

(국제PEN한국본부 부이사장 · 평론가)

수필은 바로 작가 그 자체라는 평소의 생각이 역시 틀리지 않는다는 것이 최승희의 수필을 대하면서 받는 느낌이다. 1970년대 말에 태어난 X세대답게 똑 부러진 행동과 대화들이 그대로 수필에 들어와 있어서이다. 아들에 대한 여러 마음 씀이나 부모에 대한 태도들이 근본은 구세대와 같지만 그 발상과 접근은 사뭇 다르다. 그런 수필을 대하면서 독자는 자신도 모르게 싱그러움에 만족하고 있음을 발견한다. 그것은 꽤 값진 즐거움이다. 그동안 부모들이 가진 자녀에 대한 생각은 대부분 어린아이가 어른스러운 행동이나 일을 해냈을 때를 감정의 상승곡선 정점으로 삼는 경우가 많았다. 어려운 시절 힘들게 헤쳐나가는 삶 속에서 그런 일을 해낸다는 것이 대견하고 장해 보여서 그랬다. 최승희의 수필은 다르다.

아이가 자전거를 배우면서 겪어내는 장한 극복을 그리되 아주 치열하게 그대로 담아내며 아들을 응원하는 모습을 잘 담아내고 있다. 그러면서도 그 바탕에 깔려 있는 모정을 그려내고 있어 수필의 진수를 아낌없이 보여주고 있다.

뒤에서 잡아주던 아빠가 손을 놓았다는 사실을 알아차리지 못한 채 혼자서 앞으로 쭉 전진해 나가는 '영화 같은 장면'은 그야말로 영화에나 일어나는 일이었고 우리의 현실은 냉혹했다. 2월의 늦겨울 추위가 한창이었지만 아이의 이마에선 구슬땀이 흘렀다. 어느새 겉옷의 지퍼를 내리고 잔뜩 약이 오른 얼굴로 기우뚱거리며 야속한 자전거 페달을 밟고 있다. 보고 있는 우리 부부 역시 답답함과 안타까움이 교차하며, 속으로 도를 닦는 중이다. 균형 잡는 요령만 익히면 그다음부터는 수월할 텐데, 그 요령을 아직 터득하지 못한 아이는 어스름 해가 질 때까지 눈물겨운 헛발질만 계속할 뿐이었다. (중략)

함박웃음을 지으며 "나 혼자 타는 거 봤지? 봤지?" 재차 확인하고는 본인의 모습을 촬영해달라며 다시 힘차게 페달을 밟는다. 한번 타기 시작하니 그다음부턴 일사천리였다. (중략)

오늘 아이가 몸으로 체득한 것은 비단 '자전거 타기'만이 아니리. 좌절, 집념, 끈기, 도전 그리고 성취와 환희. 오늘 경험한 이 모든 것들이 세월이 지나도 온몸으로 기억되는, 그대 인생의 값진 '절차 기억'으로 남기를….

- 「그대 인생의 '절차 기억'」 중에서

초등학교에 들어가기도 전에 아이를 일찍 자전거 타기에 도전시켰다가 실패의 쓴잔을 마신 가족이 자전거를 오래 방치해 놨다. 그러다가 초등학생이 된 후 새 학년에 올라가기 전 어느 날 아이의 자전거 타기 재도전이 성공하는 날의 장면을 가감 없이 그려낸 이 작품은 간결하면서도 사경적인 표현이 돋보이는 아름다운 수필이다. 읽는 동안 독자는 톡톡 튀어 오르는 것 같은 작가의 문장력에 매료된다.

X세대도 자식에 대한 향념은 매한가지로 예전의 부모와 다를 바 없다. 다만 그 시각과 아이를 기르는 방법이 약간 다르다. 그 미묘한 차이를 최승희의 수필에서 발견하게 되는 것도 또 하나의 즐거움이다. 자식을 위해서는 무슨 일이라도 할 것 같은 부모들의 본능적 사랑은 예나 지금이나 다를 바 없다. 다만 대처가 다르다. 그리고 같은 심정도 그 표현이 다르다. 최승희의 수필에서 아들에 대한 모정의 표현이 경쾌한 리듬을 타고 독자를 찾아온다.

최승희의 자식 사랑에 대한 표현은 자신의 심정으로만

다 이야기할 수 없어 시어머니의 손자 사랑으로 폭을 넓힌다. 며느리로서의 자신의 바람직하지 못한 응대까지도 솔직하게 표현하는 그의 수필은 수필 창작에 있어 솔직성이 강조되는 점을 극명하게 문장으로 설명하고 있는 대목이기도 하다. 그의 수필은 당당하고 솔직하다.

이른 아침 난데없이 울리는 초인종 소리에 자다 깨서 문을 열어 보니 시어머니가 서 계셨다. 전날 사 온 생대추가 과육이 풍부하고 당도도 높다며, 당장 손자에게 주시겠다고 아침부터 걸음 하신 것이다. 이불 속에서 뒹굴뒹굴하다 뛰어나온 남편은 대추가 무슨 대수냐며, 천천히 와서 가져가라고 하시면 될 일이지 아침 댓바람부터 전화도 없이 오셨다고 못마땅한 기색이 역력하다. 서운하실 법도 하련만, 애당초 아들에게 노여움이라곤 없는 분이다. 그저 손자에게 이 달고 맛있는 햇대추를 먹이겠다는 소기의 목적을 달성한 만족감과 기쁨만이 느껴질 뿐이다.

이제 와 생각해 보니, 데면데면한 아들, 쌀쌀맞은 며느리, 바쁜 손자를 만날 수 있는 가장 확실한 시간은 주말 아침이긴 하다. 막 잠자리에서 빠져나온 터라 머리는 까치집이요, 차림새는 잠옷 바람이라 차 한잔하고 가시라고 청하지도 못했다. 아들집엔 들어와 보지도 못한 채 손자에게 대추만 안겨 주고 돌아서지만, 그 사실만으로도 흡족해하시는 가벼운 뒷모습을 바라보자니 어째 마음이 복잡해진다.

이 세상, 이 우주 어디에 내 아이를 이만큼 사랑해 주는 존재가 또 있으랴. 외동인 아들이 낳은 외동아들, 당신의 이 유일무이한 손주에 대한 사랑은 내가 생각하는 것보다 몇 곱절 더 크고 깊은 것인지도 모른다.

-「나의 아들의 아들」 중에서

요즘 세대에서나 볼 수 있는 한 가족의 해프닝이다. 최인호의 외손주 사랑 책을 떠올리며 시어머니에게 최인호 만한 필력이 있었으면 지금의 이 심정을 절절히 써 내려갔으리라는 생각을 하는 신세대 며느리의 솔직한 고백은 혀를 끚끚거리기보다 웃음이 배어 나오는 묘사이다. 그것은 수필가 최승희의 순수한 마음 그대로를 전한 솔직성이 독자의 심금을 울리고 있음을 주목할 필요가 있다. 수필은 자신의 이야기를 써 내려가는 것이기에 꾸밈없이 솔직하고 겸손해야 한다. 담담한 필치 속에도 시어머님의 입장에서 생각하는 역지사지 역시 수필의 주요 덕목이다.

최승희 수필의 자식 사랑은 「너의 생일에」, 「여섯 살 인생」에서도 줄곧 탱탱한 문장으로 아이에 대한 희망과 격려를 아낌없이 쏟아내는 대서사로 이어지고 있다.

최승희의 수필에서 부모님에 대한 사랑과 애정은 존경과 자긍심, 뿌듯함, 성취, 풍요, 충만함 같은 긍정적이고 자랑하고픈, 그래서 오히려 조심스럽게 접근하는 소근거림으로 다가온다. 자랑스러운 아버지에 대한 작가의 존경은 차분하고 그윽하게 수필에 녹아 있다.

은퇴 후에는 그림에 몰두해서 개인전을 여는 등 꾸준히 도전하는 아버지는 최승희에게 멘토이자 우상이다. 어머니는 여학교 교사로서 또 하나의 멘토이며 그런 영향으로 작가 역시 그 계통의 전공을 택한 것이 아닌가 싶다. 아직도 많은 사람이 부모님에 대한 회고는 서러움과 배고프던 시절의 단상에서 벗어나지 못하는 경우가 많은데 최승희는 이미 풍요로 가던 시대의 서막쯤 이 땅에 온 작가이기에 그의 회고는 기쁘고 유쾌하다. 그의 필치가 당당함도 그가 태어난 시대의 대한민국 위상과 다르지 않다. 이런 것을 발견할 수 있는 것도 즐거움이다. 수필은 작가 자신의 이야기를 쓰는 것이기에 문학 장르 중에서 유일한 역사서라고 볼 수 있다.

아버지가 운전하는 차를 타고 가면서, 목적지에 도착해 전시회를 돌아보면서 아버지를 회고하는 딸의 심정을 잘 그려내고 있는 작가는 어린 날의 즐거움을 회고하고 있지만, 여전히 흘러가는 세월에 아버지도 예외가 아님을 그려내고 있어 애잔한 울림을 준다.

주로 운전대를 잡거나 그 옆 좌석에만 앉았지, 마치 회장님처럼 자동차 뒷좌석에 타는 호사를 누리는 게 얼마 만인가 싶다. 모처럼 운전 부담에서 벗어나 부모님과 나들이를 가는 중이다. 황송하게도 아버지가 직접 운전하시는 차를 타고 말이다. 어릴 때는 부모님과 '자연농원'에 놀이기구 타러 다니던 그 설레는 길을, 오늘은 놀이공원 옆 미술관에서 열리고 있는 수화(樹話) 김환기의 전시회를 즐기기 위해 가고 있다.

이쪽 길은 당신이 꽉 잡고 있다며 운전을 자청하신 아버지는, 그러나 경기도로 진입하면서 어딘지 허술한 주행으로 동승자들을 불안하게 만들기 시작했다. 내비게이션의 안내와 상관없이 그냥 꽂히는 길로 갈 거였으면 대체 기계는 왜 켜두신 건지… 답답한 속도와 자꾸 잘못 들어서는 경로를 보며 뒷좌석의 두 딸은 속이 터지기 직전이나, 폭풍 같은 잔소리를 꿀꺽 안으로 삼키며 죄 없는 안전벨트만 고쳐 맨다. '최단거리' 혹은 '최소시간'이라는 효율성과는 별개로, 그저 운전자 마음에 드는 풍광을 따라 달리다 보니 드디어 미술관이다. (중략)

중학교에 갓 입학했던 80년대 말, 아버지는 유럽으로 장기출장을 떠나신 적이 있었다. 아버지가 부재중이던 어느 날 나란히 도착한 세 통의 엽서엔 각각 우리 삼 남매에게 보낸 아버지의 글과 그림이 담겨 있었다.

유럽 대륙의 동서를 넘나드는 빡빡한 일정 중 잠시 짬을 내 엽서를 쓰신 그 시절의 아버지를 상상해본다. 지금의 나보다도 젊었던 40대 초반의 아버지. 내가 받은 엽서의 앞면은 로마의 관광명소 '스페인 계단' 사진이었다. "이 계단에서 네가 좋아하는 그레고리 펙이 오드리 헵번을 만났지. 너의 복스러운 코가 너무 보고 싶다"라던 아버지의 문장과 내 얼굴을 그린 스케치는 마치 사진으로 찍은 것처럼 기억 속에 저장되어 있다.

-「위대한 유산」 중에서

김환기의 전시회를 보러 가는 길에 아버지의 운전하시는 모습이 예전 같지 않음을 그려내고 늙어가는 아버지에 대한 연민의 정을 아무 직접적 표현 없이 조용히 행간에 잘 묻어 놓음으로써 깊은 울림을 주는 수필을 빚어내는 데 성공했다. 김환기가 자신의 딸들에게 도록을 보내면서 쓴 편지를 보면서 자신들이 아버지로부터 어린 시절 받았던 엽서를 소환해 오는 회고의 구성이 절묘하다.

「아버지의 첫 개인전에 즈음하여」는 아버지의 제2의 인생에 대한 아낌없는 응원과 사랑을 전하는 메시지로 절절하다. 부모 사랑법을 잘 보여주는 작품이다.

최승희의 수필은 남편 사랑을 아주 진솔하고 솔직하게 담아내고 있다. 그들은 종종 고즈넉한 저녁 둘이서 술잔을 부딪치며 세상만사 시름을 날려 보내기도 한다. 부부애를 맘껏 구가하는 모습이 사랑스럽다. 「정신과 의사의 아내로 사는 법」에서 제목에서 느끼는 심한 갈등의 이야기가 전혀 아니고 발랄한 부부의 이야기와 아이를 둘러싼 가족의 이야기를 가족애로 잘 풀어내고 있다.

의사이기 전에 아빠이니 객관화하기 힘들고, 그래서 일관성을 유지하는 것도 쉽지 않을 것이다. 아이와 침대에 나란히 누워 좋아하는 음악과 영화에 대한 이야기를 나누고, 게임기를 하나씩 나눠 들고 함께 비디오게임을 하고 있는 평소의 모습을 보면 친구처럼 다정한 아빠임에 틀림없다. 하지만 유치하게 느껴질 정도로 별 것 아닌 일에 꽂혀서 아이에게 언성을 높일 때는, 정신과 의사고 나발이고 남자는 나이가 먹어도 아이임에 틀림없다고 내 나름의 진단(?)을 내리곤 한다. 아이의 머리가 굵어지고 반항심도 슬슬 나오는 사춘기 무렵엔 정말 '의사'로서의 역할이 필요하게 될지 모른다. 질풍노도의 시기를 보낼 아들을 얼마나 잘 이해하고 적절하게 대처해 줄는지, 그때가 되면 정신과 의사로서의 그의 역량을 한번 눈여겨볼 참이다. (중략)

긴 야긴 야근 끝에 마침 오늘은 모처럼 집에서 저녁식사를 할 수 있다는 반가운 톡이 왔다. 진하게 육수를 내고 신선한 채소와 얇게 포를 뜬 소고기를 곁들여 남편이 좋아하는 샤브샤브를 준비해봐야겠다. 지난번에 마트에서 사두었던 레드와인도 한 병 꺼내 이런저런 얘기를 안주처럼 함께 나눠봐야지. 즐거운 일엔 함께 신나해 주고, 힘든 일엔 위로해 주고, 누군가 험담이라도 하고 싶다면 맞장구도 쳐 주면서. 오늘은 내가 당신의 정신과 의사가 되어 주리라.

–「정신과 의사의 아내로 사는 법」 중에서

담박한 문장과 유머러스한 표현으로 정신과 의사인 남편을 향한 사랑과 격려를 깔끔한 주제로 잘 담아내고 있다.

최승희의 수필은 사회를 향해 열려 있다. 공연물을 보면서도 그에 얽힌 여러 가지 상황 속에서 사회를 향한 구성원으로서의 바람직한 방향에 대한 열망, 음악이나 영화 등의 공연 예술에 얽힌 자신의 소견 등을 재미있고 유익하게 수필에 담아내며 아들의 것과 비교하며 시대 변천성도 놓치지 않고 그려내고 있다.

그의 사회성은 아이들이 오히려 어른을 배려하는 장면을 그려냄으로써 어른의 편협함을 돌아보는 성찰을 잊지 않고 있음을 주목해 볼 일이다. 「인간에 대한 예의」는 바로 그런 수필의 전형이며 성찰을 말 한마디 없이 은유적으로 잘 그려내고 있다.

사회적 발언의 수필은 「그에게 담배 한 대를 허하라」이다.

> 복도 계단에 쭈그려 앉아 담배를 피우던 그 뒷모습이 오래도록 마음에 남았다. 그가 피우던 담배 한 개비는 고된 일상에서 유일하게 누리는 사치일 수도 있고, 누군가의 아버지이자 남편일 그가 기댈 위로와 안식의 대상일 수도 있다. 어쩌면 20여 년 전 내 아버지가 피웠던 담배의 의미 역시 크게 다르지 않을 것이다. 현상설계의 마감을 앞둔 어느 날, 밤을 새워 도면을 그리

고 모형을 제작하다가 한숨 돌리며 피웠을 내 아버지의 담배를 생각하면, 계단에서 담배 한 대 태운 그를 차마 비난할 수가 없었다. 집으로 배어 들어오는 담배 냄새에 펄펄 뛴 게 불과 오늘 아침인데, 담배를 끊고 싶어도 끊지 못하는 소시민들의 휴식 같은 담배 한 대 정도는 이해해야 하지 않나 하는 생각을 하고 있는 이중적인 내 모습에 당황스러워지기도 했다. (중략)

그분 일상에 담배보다 더 나은 재밋거리가 생기길 바라보고도 싶다. 뭐 얄팍한 내 심보로는, 당장 내일은 담배 냄새 따위 없는 상쾌한 공기로 하루를 시작하고 싶다는 욕심이 먼저이긴 하지만 말이다.

-「그에게 담배 한 대를 허하라」 중에서

금연 구역인 자신의 아파트에서 누가 담배를 피워서 못된 담배 냄새가 집으로 스며들어 오게 하나 싶어 범인을 잡으려고 벼르고 나갔다. 외벽 페인트 공사 중인 페인트공이 담배 한 대를 피우고 있는 뒷모습을 보고 처연한 느낌이 드는 작가가 써 내려간 수필은 전혀 시사적인 글감이 아니고 직접적인 현실 고발의 글줄도 없지만, 은유적으로 우리 사회의 그늘 진 부분에 대한 성찰과 힘겨워하는 노동자의 애환을 미루어 짐작해보는 표현이 역지사지의 모본이다. 수필의 밀도를 높이는 역지사지를 아주 잘 그려낸 수작이다.

최승희는 자신의 정체성에 대해 맛깔스러운 수필에 주제를 형상화 시키고 있다.

집구석을 벗어나지 못하는 이 기회를 빌려 우리 집에서 효용 가치를 잃은 물건을 솎아내 본다. 집콕 기간 동안 쑥 자란 아이의 작아진 옷과 신발, 더 이상 가지고 놀지 않는 장난감, 유행이 지난 옷과 안경테, 구형이 된 컴퓨터와 개수가 너무 많은 우산까지 싹 모아서 봉사단체에 기증을 하고 나니 후련함에 뿌듯함이 더한다. 그렇게 생겨난 여유 공간에 필요한 물건들만 착착 수납하며 제자리를 정해주고 나자, 갇혀 지내는 내내 답답하게만 느껴졌던 집구석이 어쩐지 훤해 보인다. (중략)

딱 마시기 좋은 온도로 칠링된 화이트 와인을 한잔 따라 식탁에 자리를 잡고 노트북을 켠다. 그리고 손 가는 대로 글을 쓰기 시작한다, 바로 지금처럼. 유럽에 흑사병이 창궐하던 16세기 말, 당시 조연급 배우였던 셰익스피어는 일거리가 끊기자 두문불출하며 리어왕과 맥베스를 완성했다는데…. 대문호의 위대한 업적에 비할 바는 아니나, 감히 바라본다. 역병의 시절에 쓴 이 글을 훗날 다시 읽을 때 부디 스스로에게 부끄럽지 않기를. 집구석을 지키던 날들을 가치 있게 보내기 위해 나름의 최선을 다 했노라 기억되기를.

–「집구석 생산성에 대하여」 중에서

코로나로 집콕 생활을 할 때 집구석이라는 데 대해 음미해 보는 「집구석 생산성에 대하여」 작품은 발상이 돋보이고 자신의 정체성을 살리기 위해 부단히 노력하는 심정을 주제에 잘 살려낸 진취적인 작품이다.

뭐니 뭐니 해도 인간에게 있어 최고의 가치, 아니 최고의 가치관, 희망사항은 자식에 대한 사랑과 자식 잘되기를 바라는 일편단심이 아닌가 한다. 수필가 최승희 역시 그 애타는 소망을 담은 두 편으로 수필집을 마무리하고 있다.

> 사춘기를 지나고 있는 아이는, 사실은 인생에서 접할 수 있는 가장 쉽고 단순한 문제집을 풀고 있다는 걸 꿈에도 모를 것이다. 내가 그랬던 것처럼, 아이에게도 이 지루하고 답답한 시간이 그리워지는 때가 언젠가 오겠지. 해 주고 싶은 수많은 말은 일단 삼켜본다. 좌절과 성취를 통해 스스로 투지와 용기, 그리고 지혜를 터득하기만을 응원할 수밖에. 중간고사 성적이 얼마나 화려할지 걱정이 앞서는 게 솔직한 엄마 심정이지만….
>
> -「정답을 고르시오」 중에서

공부와 씨름하며 사춘기를 맞는 아들을 보면서 이러지도 저러지도 못하는 어미의 심정을 잘 표현한 작품이다. 결국은 인생살이에서 정답만 고르라는 주제로 형상화 시킨 은유적인 수필이다.

아이와 두 부부가 여행길에 오른다. 신혼 초 살았던 진해로 간다. 지난 시절을 돌아보며 현재를 반추한다.

1박 2일간의 주말여행도 쉽게 짬을 내기 힘든 와중이었지만, 한숨 돌리고 가자 싶어 큰맘 먹고 진해로 향했고 이 계획은 소기의 목적을 달성한 것 같다. 축제는 사람을 여유롭게 만들고, 화려하진 않지만, 옛 추억이 가득한 이 도시는 마음을 촉촉하게 해 준다. 수많은 인파와 교통체증 속에서도 그닥 짜증스럽지 않다. 사람보다도 더 많은, 빼곡하게 핀 벚꽃들은 정신없었던 지난 몇 주간에 대한 보상 같다.

반복적인 일상에서 벗어나 봄 정취에 흠뻑 빠져보니 그동안 왜 그리 조급하게 달려왔나 싶다. 시간이 지나면 모두 추억이 되는 것을. 바람이 불자 벚꽃잎이 하늘하늘 날려 마치 꽃비가 내리는 것 같은 장관을 이룬다. 이 순간이 내 옆의 두 사람에게도 그간의 고단함에 대한 위로가 되기를 바라본다. 굽이굽이 인생길에서 한숨 쉬어가는 오늘의 이 여유와 지혜를 잊지 말기를. 우리, 꽃길만 걷자.

- 「꽃길만 걷자」 중에서

그동안 살아온 세월을 돌아보고 현재를 생각하면서 앞으로도 꽃길만 걷자고 희망을 속삭이는 작가는 아들의 앞길이 꽃길이기를 행간에 담고 또 담는다.

최승희의 수필은 발랄하고 당당한 것이 특징이다. 문장이 경쾌하고 군더더기가 없다. 이도 저도 아닌 고민보다는 명쾌한 접근으로 사물에 대해 이야기를 이어가면서 주제를 잘 담아내어 독자에게 깊은 감동을 안겨주는 최승희 수필의 일독을 권하는 바이다.

| 에필로그 |

머릿속이 복잡하고 생각이 정리되지 않을 때 나는 일단 아무 말이든 쓴다. 말이 문장이 될 때, 나도 모르던 내 마음이 활자화될 때 비로소 형상을 갖추며 뚜렷해진다. 휘발되어 버리기 전에 기록한다. 잊지 않으려고, 때론 잊히지 않으려고 흔적을 남긴다. 이게 아닌데 싶으면 자판의 Delete 키만 몇 번 눌러 지우고 다시 쓰면 그만이다.

'취소'와 '삭제'가 가능하다는 건 참 다행한 일이다. 이 반복되는 과정에서 어느새 나는 안정감을 찾고, 때로 글도 한편 완성된다. 그 글이 썩 괜찮아 나무랄 곳이 없든, 아니면 옹졸하고 서투르든, 내가 그 시간을 허투루 살지 않았음을 증명해 줄 것이다. 일상이 너무 별 볼 일 없어 보이는 어느 날, 아마도 나는 이 책을 펴볼 것이다. 보잘것없는 글 때문에 바로 후회막심한 감정이 밀려온다 할지라도.

수필 공부를 해보겠다고 강의실 문을 두드린 게 아이가 유치원 들어가던 해의 일인데, 이제 그 아이가 고입을 코앞에 두고 있다. 이 책은, 믿을 수 없을 정도로 빠르게 흘러간 그 10년간의 기록이다. 내밀한 속사정을 세상에 다 터놓는 것 같아 겸연쩍지만, 꾸미거나 더하지 않겠다는 처음의 마음만은 지켰기에 스스로에게 부끄럽지는 않다.

10년을 한결같은 애정과 관심으로 부족한 제자를 이끌어 주신 오경자 교수님께 존경과 감사의 말씀을 드린다. 책이 나오기까지 큰 도움 주신 교음사 관계자들께도 진심 어린 인사를 전하고 싶다. 같은 열정을 갖고 모여 함께 글을 써 온 문우들께도 감사할 따름이다. 수필을 통해 맺었던 혹은 스쳐간 인연들도 지금은 각자의 자리에서 같이 글을 쓰고 있으리라 믿는다.

달력이 한 장 남는 이즈음이면 딱히 이룬 것 없이 한 해를 다 보낸 것 같아 어쩐지 헛헛했지만, 올해 연말은 책장을 넘기며 마음껏 뿌듯해하고 싶다. 사랑하는 가족들의 지지가 없었다면 이 책도, 오늘의 나도 존재하지 못했을 것이다. 내 삶의 동력이자 영감의 원천인 가족들과 작은 성취의 기쁨을 나누련다.

2023. 12. 최승희

그대 인생의 절차 기억

2023년 12월 15일 초판 발행

지은이 / 최승희

발행인 / 강병욱
발행처 / 도서출판 교음사
편　집 / 수필문학사

03147 서울 종로구 삼일대로 457 수운회관 1308호
Tel (02) 737-7081, 739-7879(Fax)
e-mail : gyoeum@daum.net
등록 / 제2007-000052호

* 잘못된 책은 바꿔 드립니다. 값 13,000원

ISBN 978-89-7814-956-3 03810